LA VÉRITÉ

SUR LES SESSIONS,

ANNÉES 1815 ET 1816.

On trouve aussi aux mêmes endroits :

Précis Historique d'une des sections du Parlement de Bonaparte, *se disant Chambre des Représentans*, par ***. 2 fr. 50 c., et 3 fr. franc de port.

Réfutation de l'Exposé de la conduite de Carnot, par *Gautier* (du Var). 1 fr. 50 c., et 2 fr. franche de port.

Les trois premiers volumes des Annales historiques des sessions du Corps Législatif, traitant de celles de 1814, 1815 et 1816, par*** et *Gautier* (du Var).

La collection complète se vend 15 fr., et 18 fr. franche de port.

Les volumes, pris séparément, se vendent 6 fr., et 7 fr. 50 cent. francs de port.

On souscrit à raison de 5 fr. le volume, rue de Grenelle-St-Germain, n° 64.

LA VÉRITÉ
SUR LES SESSIONS,
ANNÉES 1815 ET 1816,

ET

APERÇU SUR LES ÉLECTIONS

DE 1817.

PAR LES AUTEURS DES ANNALES HISTORIQUES DES SESSIONS DU CORPS LÉGISLATIF.

SECONDE ÉDITION.

AUGMENTÉE DE RÉFLEXIONS SUR LE DERNIER OUVRAGE DE M. LE VICOMTE DE CHATEAUBRIAND.

A PARIS,

CHEZ L'AUTEUR, RUE DE GRENELLE-ST-GERMAIN, N° 64.

CHEZ { ALEXIS EYMERY, rue Mazarine;
DELAUNAI, PELICIER, } au Palais-Royal.

1818.

A PARIS, DE L'IMPRIMERIE DE LEBÉGUE,

RUE DES RATS, N° 14.

AVANT-PROPOS.

A la fin du second volume des *Annales historiques des sessions du Corps Législatif*, traitant la session de 1815, nous avons, dans un chapitre très-abrégé, établi une comparaison entre nos opinions et celles de l'auteur de l'Histoire de la session de 1815, ou, pour parler plus franchement, nous avons essayé de réfuter son Ouvrage. Nous n'avons pu faire de même cette année, puisque notre troisième volume, traitant celle de 1816, a paru avant celui du même auteur, écrit sur le même sujet.

Nous n'eussions certainement pas entrepris cette tâche, si, *historiens* comme lui, nous trouvant entièrement en opposition même sur les faits, nous n'avions pas pensé que nous devions au Public au moins une explication qui puisse le mettre à même de juger la bonne foi et l'impartialité dont nous avons fait profession dans le cours de notre Ouvrage, ce qu'il ne croirait pas exister, s'il prenait pour guide l'historien prétendu des sessions de 1815 et 1816.

Un véhicule plus puissant nous détermine à établir dans cet Opuscule, non-seulement un parallèle de nos opinions, mais à prouver la véracité des faits que nous avons avancés, et le peu de bonne foi de l'historien que nous combattons *. Ce véhicule existe dans des observations qui nous ont été faites par un personnage recomman-

* Ces observations nous sont parvenues confidentiellement. Si la personne qui les a écrites lit cet Opuscule, nous la prions de ne voir dans notre Ouvrage qu'une preuve de l'impression qu'elles nous ont fait éprouver.

dable sous des rapports bien précieux pour nous, puisqu'il a toujours été et est un sujet *fidèle* et *dévoué*. Il compare notre Ouvrage à une espèce de libelle dirigé contre ceux qui n'ont pas entièrement partagé les opinions du Ministère.

Avant d'entrer en matière, nous devons répondre à un nouveau reproche, en apparence fondé, qui nous a été fait : *c'est celui d'avoir fait reparaître, avec l'exactitude la plus minutieuse, toutes les paroles échappées aux Ministres*. Nous avons cru qu'il était impossible d'être historiens véridiques, sans donner presqu'en entier leurs discours. Les Ministres parlent *une*, au plus, *deux fois* dans les discussions les plus étendues ; répondent quelquefois à une vingtaine d'Orateurs, qui ont parlé soit pour, soit contre le projet de loi ; relèvent des faits inexacts ; donnent des explications demandées, qui sont nécessaires pour éclaicir la discussion. Telles sont les raisons qui nous ont portés à donner plus d'extension à leurs opinions.

Un autrereproche a été dirigé contre notre Ouvrage : c'est celui d'avoir tronqué ou défiguré les discours des Orateurs des Chambres. Si nous l'avons fait, nous affirmons que cela n'a point été notre intention ; et nous pensons que cela n'existe dans aucun passage. C'est à quoi nous nous sommes étudiés. Nous oserons dire, de plus, que nous avons toujours cherché à faire ressortir les morceaux les plus éloquens des discours des Orateurs de *l'opposition*, particulièrement ceux qui ont reçu l'approbation des membres des Chambres.

Après ces explications, nous allons parler des Ouvrages de M. *Fiévée* : il nous rangera, s'il le veut, dans *la meute entière des écrivains salariés qui doivent se jeter sur lui :* cela nous est indifférent; mais nous pouvons l'assurer que nous ne nous serions point occupés de ses Ouvrages, s'ils ne traitaient le même sujet que le nôtre, et s'il ne prenait le titre d'historien. Que ne s'est-il restreint dans son rôle de nouveau *frondeur ?* Nous l'aurions alors abandonné à lui-même, et laissé dans sa politique abstraite et tortueuse.

Dans la septième partie de sa *Correspondance politique*, page 70 *, M. *Fiévée*

---

* Nous n'aurions pas parlé de la Correspondance politique, si l'auteur n'en faisait presque une suite des Ouvrages que nous réfutons.

M. *Fiévée* a dit que les premiers *numéros* de cette Correspondance, adressés à un des plus fidèles serviteurs de son Roi (à M. le comte de Blacas) avaient été écrits en 1814, et confidentiellement. Il espérait certainement que cet Ouvrage parviendrait jusqu'au Monarque. Cet espoir lui fait honneur. C'est le devoir d'un fidèle sujet de présenter dit : « Du jour où l'arbitraire sera « réglé ou seulement fixé, je n'aurai « plus un désir à former. Si les jour- « naux n'ont pas la permission d'an- « noncer mes Ouvrages, le Public aura « plus d'intérêt à les voir paraître, « plus d'empressement à se les pro- « curer. Cela est au point que, dans « un seul jour, il s'en enlève, à Paris, « plus qu'on n'y distribue de jour- « naux; et c'est une obligation que j'ai

---

à son Souverain ses vues, lorsqu'elles peuvent tendre à faire connaître quelques imperfections dans le système que le Gouvernement a adopté ; mais il nous permettra de lui dire ce que nous disions aux *Carnot*, aux *Méhée* et aux *Félix Lepelletier*, en les réfutant : *Ce qui est bon et utile que le Roi sache, doit être le plus souvent ignoré du Public, surtout dans un moment de fermentation.*

Que M. Fiévée ne pense pas que nous voulions l'assimiler aux trois hommes que nous venons de citer : il y a certainement encore bien loin de lui à ces factieux ; mais comment qualifier une opposition aussi marquée? Ne redoute-t-il pas d'affaiblir le gouvernement de son Roi ?

« à la police ; car, depuis les mesures « arbitraires prises contre un Ouvrage « de M. *de Châteaubriand*, le Public « est si persuadé que tout bon livre « doit être arrêté, qu'il se précipite « pour arriver avant les gendarmes. « Si mes Ouvrages ne peuvent voyager « par la poste, ils voyageront par les « diligences ; si les diligences leur « sont interdites, je prendrai des com- « mis voyageurs, et j'offrirai leurs ser- « vices à compte et demi à MM. *de* « *Châteaubriand*, *de Bonald*, et peu à « peu à tous les écrivains de mérite « qui seront mis en interdiction. Qui « sait si les députés de la Chambre « ne me remercîront pas un jour de « cette entreprise ? Elle pourra servir « à faire connaître leurs opinions dans « les provinces. On n'a pas d'idée com- « bien on place en France de vins, de « sucre, de café, de draps, de rouen- « neries, etc..... sans que les journaux, « la poste et les diligences s'en mê-

« lent. Pourquoi ne placerait-on pas
« de même des livres? Il suffirait qu'ils
« eussent la réputation d'être d'un bon
« crû, et d'une bonne fabrique. Les
« ressources ne manquent qu'où l'ar-
« bitraire n'est pas fixe : où il est réglé,
« tout s'arrange. Il n'y a que les re-
« venus de l'Etat qui y perdent, mais
« nous empruntons à trop bon marché,
« pour y regarder de si près, pour
« craindre de voir baisser les recettes
« qui alimentent le trésor ; et pourvu
« que les services soient ministériels,
« il est fort indifférent qu'ils cessent
« d'être publics. Les particuliers y
« pourvoiront. Ce n'est déjà plus par
« la poste * *qu'on fait passer les lettres*
« *auxquelles on met de l'intérêt.* »

---

* Si le directeur-général des postes eût attaqué M. *Fiévée* comme calomniateur, cet auteur aurait eu bien de la peine à prouver son assertion, qui ne tend à rien moins qu'à discréditer une des administrations du Royaume la plus utile, et qui a le plus besoin *de la confiance publique*.

Ce passage est remarquable, non-seulement par l'amour propre exagéré de l'auteur, mais plus encore par le système de dénigration et de calomnie qu'il renferme contre le Ministère de la police, et sourtout contre *la direction-générale des postes.*

L'association qu'il propose à MM. *de Bonald* et *de Châteaubriand* a un but que nous devons dénoncer au Public, c'est celui de faire enlever, dans un jour, une édition d'un Ouvrage *. Nous

---

* *Recette certaine pour faire enlever promptement une édition.*

On annonce cinq ou six mois d'avance, un ouvrage qui doit être, assure-t-on, virulent contre le Ministère ; on fait suivre cet avis de quelques légers bruits par lesquels on insinue que la publication pourra éprouver de grands obstacles.... on va même jusqu'à dire que l'ouvrage sera saisi....

L'ouvrage sera saisi !.... bonne nouvelle, morceau friand pour ceux de messieurs les libraires dont la clientelle ne se compose uniquement que

sommes loin de supposer que les deux auteurs cités ci-dessus veulent faire partie de cette compagnie commerciale; car ils savent bien *qu'un bon livre* n'est pas saisi, et que si les gendarmes ont été employés, ce n'a été que contre des ouvrages au moins dangereux. Jamais ceux de M. *de Bonald* n'ont éprouvé ce sort; et ceux publiés en 1814, par M. *de Châteaubriand*, ont eu non-seulement la protection spéciale du Gouvernement, mais ils ont reçu encore des journalistes le juste tribut d'éloges qu'ils méritaient. Quand cet écrivain voudra employer ses talens à raffermir et à corroborer

---

d'amateurs du fruit défendu.... Le jour où l'ouvrage doit paraître (jour annoncé secrètement), l'imprimerie est assiégée.... on se pousse.... on veut être servi avant l'*arrivée des gendarmes*.... *les commis voyageurs* sont prêts à partir.... Et, à l'aide d'un semblable stratagème, l'ouvrage, quelque mauvais qu'il soit, a plus *de débit* dans un jour, à Paris, qu'on *n'y distribue de journaux*.

l'autorité royale, en n'affaiblissant pas ce qui émane d'elle, sous le spécieux prétexte que c'est l'ouvrage des Ministres, il recevra de nouveau les louanges des vrais Royalistes, *qui sont ceux qui marchent avec la volonté royale*, et qui savent en même temps apprécier combien de semblables auxiliaires seraient utiles à la vraie cause.

Nous, qui nous voyons classés, par M. *Fiévée*, au nombre de ces écrivains qu'il a désignés sous le nom *de meute de salariés*, nous n'avons pas été mieux traités que lui par les journalistes ; car nous ne supposons pas que l'autorité leur ait défendu de s'occuper des *Annales historiques des Sessions du Corps Législatif*. Ils ont considéré que cet Ouvrage ne méritait pas un simple article. L'année dernière, une partie des journaux n'annoncèrent même pas nos deux premiers volumes. Jusqu'à ce jour, le troisième éprouve à peu près le même sort. Nous ne nous en plaignons pas; nous savons apprécier cet Ouvrage : *il est sans couleur*. Il faut expliquer au Lecteur ce que cela veut dire.

Un Ouvrage *sans couleur* est celui qui combat avec force les théories *républicaines et démagogiques*, dont les auteurs, tout en applaudissant aux intentions qu'ils supposent à certains écrivains, ne peuvent s'empêcher de leur laisser entrevoir des craintes fondées sur la force qu'ils prêtent, sans s'en apercevoir, au parti *anti-royaliste*. Adoptant toutes espèces de théories, pourvu qu'elles soient contraires au système qui émane de la volonté royale (qu'ils veulent appeler le système du ministère), ils tombent dans des excès de principes libéraux, principes qui en peu de temps anéantiraient la monarchie, ou la mettraient dans une position dont elle ne se releverait que par une commotion qui présenterait des chances bien douteuses et effrayantes pour l'ami vrai et sincère *du Roi, de son auguste famille, de la légitimité et de la charte.*

Tels sont les principes que nous avons professés dans notre Ouvrage, principes dont nous ne nous départirons jamais.

Comme nous sommes à peu près mis en *interdiction*, si ce n'est par *l'arbitraire*, comme M. *Fiévée*, au moins par le *caprice* des journalistes, nous lui demanderons les services à compte et demi de ses commis voyageurs; mais, nous dira-t-il peut-être, il faut remplir une condition *sine quâ non:* Vos Ouvrages sont-ils d'un bon crû et d'une bonne fabrique? Comme nous nous attendons à cette réponse, c'est pour l'en convaincre que nous allons présenter au Public un parallèle de nos opinions, en traitant les sessions de 1815 et de 1816.

Nous commencerons par exprimer notre étonnement de ce que M. *Fiévée* ait pris le titre d'historien ; car rien ne ressemble moins à une histoire que son Ouvrage. En effet, qu'est-ce que c'est qu'une histoire ? C'est une narration fidèle des actions et des choses ; mais nous oublions que le mot *histoire* veut souvent dire *conte*, et, sous cette acception, nous consentons et avouons qu'il a fait une *histoire* sur les sessions, et non écrit l'Histoire des Sessions de 1815 et 1816. C'est ce que nous allons prouver dans les chapitres suivans.

Comme nous voulons convaincre nos Lecteurs que nous avons écrit avec impartialité, nous répéterons ce que nous avons dit dans notre second volume sur l'Histoire de la Session de

1815 : les circonstances n'ont point fait changer notre opinion sur ce premier Ouvrage. Nous ferons remarquer au Lecteur que ce chapitre, qui est le premier de notre Opuscule, était écrit avant l'ordonnance du 5 septembre.

Dans le second chapitre, nous ferons voir de quel côté se trouvent l'impartialité et l'exactitude, soit dans l'Histoire de la Session de 1816, ou dans notre troisième volume *des Annales historiques des sessions du Corps Législatif.*

Dans notre dernier chapitre, nous donnerons un aperçu sur le résultat qu'a produit la loi sur les élections; notre opinion sur ce qui s'est passé pendant la tenue des colléges électoraux, et sur les effets qu'aura par la suite cette même loi.

Nous n'entreprendrons point de vouloir rivaliser avec M. *Fiévée*, en nous jetant dans les abstractions captieuses et métaphysiques de ses raisonnemens : nous nous y perdrions; nous ferons en sorte d'être clairs et concis. Nous prions les Lecteurs de n'être pas trop sévères sur le style, et de ne nous juger que d'après la vérité des faits et la pureté de nos intentions.

LA VÉRITÉ

SUR LES SESSIONS

DU CORPS LÉGISLATIF,

ANNÉES 1815 ET 1816.

CHAPITRE PREMIER.

Parallèle entre les opinions de l'auteur de l'Histoire de la session de 1815, et celles des auteurs des Annales historiques des sessions du Corps Législatif, même année *.

LOIN de nous la pensée de vouloir comparer les anciens ouvrages et les opinions contradictoires que l'auteur de la session de 1815

---

* Le lecteur n'oubliera pas l'époque à laquelle ce chapitre a été écrit (à la fin d'août 1816); mais les notes sont faites dans ce moment-ci.

peut avoir émises dans un temps, avec celles qu'il émet aujourd'hui. L'on pourrait adresser le même reproche à l'un de nous, qui, dans les phases de notre tourmente révolutionnaire, n'a pas toujours suivi la même route. Il en a fait ingénument l'aveu, et il est, à cet égard, en mesure contre tout ce qu'on pourrait lui opposer.

Quant à l'autre, quoiqu'il n'ait jamais pris la plume avant le retour de Sa Majesté, il croit que s'il y a des erreurs pardonnables, et sur lesquelles il faille jeter un voile, c'est sur celles qui ont eu pour cause primitive les mouvemens irréfléchis d'une imagination vive et ardente.

Si l'on se refusait à admettre ce principe conciliateur, que d'utiles réflexions ne perdrions-nous pas? et combien peu d'écrivains oseraient se montrer dans la lice!

En examinant la première partie de l'Histoire de la session de 1815, qui traite *de la politique générale*, nous avons remarqué que, parcourant une métaphysique abstraite, l'auteur a semblé donner à son opinion un sens difficile à saisir, et qui pourrait induire bien des personnes en erreur. Nous lui demanderons conséquemment si sa manière de voir sur cette matière concerne notre mode de gouvernement actuel, ou bien, si elle a rapport à un gouvernement *imaginaire* dont il voudrait faire concevoir la pensée, dans l'espoir peut-être de la propager.

Cette interprétation, selon nous, aurait été indispensable : nous nous en serions servis pour appuyer ces réflexions.

Quoiqu'il en soit, dans notre première hypothèse nous pensons qu'elle a rapport à notre gouvernement actuel.

« Dans un état de civilisation complète, « dit M. *Fiévée*, il doit y avoir une royauté, « expression de la volonté de la société; un « pouvoir aristocratique qui soit constitué « pour défendre, dans l'intérêt général, ses « intérêts particuliers, s'il en a; et un pou- « voir démocratique chargé de défendre les « intérêts dont personne n'est légalement « privé, et plus spécialement les priviléges « des communes, dans les pays où il y a des « communes. »

Nous avons pensé qu'il voulait parler des trois pouvoirs qui concourent en France à la confection de la loi : dès-lors nous partageons son opinion sur la royauté, et nous disons qu'elle peut être considérée comme *l'expres-*

sion de la volonté de la société. Mais quant au pouvoir aristocratique (la Chambre des pairs) nous ne lui voyons en France aucun intérêt particulier à soutenir. Le considérant, dans cette hypothèse, sous le rapport de l'intérêt général, nous le croyons institué plus spécialement pour être le gardien fidèle de nos lois constitutionnelles, ou de la Charte, et pour empêcher que les deux autres pouvoirs n'y portent la plus légère atteinte. Nous n'en exceptons que le cas où des circonstances extraordinaires et commandées par la nécessité forceraient la première puissance de l'État (le Roi) à recourir à une pareille extrémité. C'est d'après cette opinion, sans doute, ou du moins nous le pensons, que les auteurs de l'ordonnance du 13 juillet 1815 avaient voulu se faire, pour ainsi dire, un appui de l'autorité des colléges électoraux, convaincus qu'ils trouveraient une forte et vive opposition dans le pouvoir aristocratique (ou chambre des pairs). Mais on doit regarder cette ordonnance comme l'ouvrage des graves circonstances qui existaient à cette époque. Quel témoignage plus authentique pouvons-nous invoquer pour appuyer notre raisonnement, si ce n'est l'avis du Ministre qui paraît en avoir été le rédacteur et qui l'a contresignée (M. *Pasquier*)? Ces causes originaires n'existant plus, il faut nécessairement, si l'on veut agir de bonne foi, considérer cette ordonnance comme non avenue.

Le pouvoir démocratique, dont l'auteur de la session de 1815 a voulu nous définir l'essence et le caractère, ne peut être considéré que comme agissant dans la Chambre des députés. Il nous est impossible de reconnaître le vague dans lequel M. *Fiévée* s'efforce de nous jeter en disant : *Qu'il est chargé de défendre les intérêts dont personne n'est légalement privé, et plus spécialement les priviléges des communes, dans les pays où il y a des communes.* Nous ne dirons rien sur ce dernier article, puisqu'en thèse générale, il n'y a pas, à proprement parler, des communes en France; ou, s'il y a des communes, il n'y en a pas à priviléges.

Nous accordons à ce pouvoir le droit réel que la Charte lui arroge, c'est-à-dire, celui de concourir à la confection de la loi qui établit l'impôt.

Il a la faculté de présenter les moyens qui lui paraissent les plus avantageux à son perfectionnement; il peut même se faire rendre compte de l'emploi des fonds; mais, avant tout, il doit accorder tout ce que le pouvoir royal a jugé nécessaire et indispensable pour le service *, suivant les règles voulues et consenties par le mode usuel de notre gouvernement.

Voilà la seule exception où le pouvoir démocratique doit exercer son influence, en défendant les intérêts du peuple. Dans tout autre cas, ce pouvoir n'est qu'un seul et même corps avec les deux autres; et l'homme qui en est revêtu, doit mettre de côté tout intérêt particulier, et ne pas vouloir favoriser une classe au détriment de l'autre. La société entière est et doit être la seule boussole comme la seule pensée du législateur.

D'après le raisonnement sur lequel nous venons d'établir notre opinion, nous croyons

---

* Nous persistons dans notre opinion, quoique celle contraire ait paru prévaloir dans la session de 1816, et qu'elle ait été mise en avant par des orateurs dont nous estimons les connaissances et les principes. Nous considérons que c'est au Roi seul qu'il appartient de juger les besoins de l'État. Dans quelle position pourrait-on se trouver, si le système contraire pouvait continuer à être suivi? Nous savons qu'il peut servir *à se populariser;* mais aussi combien il ôte de prépondérance au pouvoir royal!

avoir distribué la part qui appartient à chaque pouvoir.

Au milieu de toutes les probabilités dans lesquelles s'est jeté l'auteur de l'Histoire de la session de 1815, pour donner de la force à son système, il nous a semblé que son opinion se rapprochait beaucoup de la nôtre sur certains points.

Le lecteur voudra bien ne pas perdre de vue que M. *Fiévée* est parfaitement d'accord avec nous, lorsqu'il convient que les discours prononcés par *Sa Majesté* sont l'expression de sa volonté. Nous avons manifesté à cet égard notre opinion dans le cours de nos Annales historiques des sessions.

Il cite surtout le passage suivant du discours de *Sa Majesté*.

« Faire refleurir la Religion, épurer les « mœurs, fonder la liberté sur le respect « des lois, les rendre de plus en plus ana- « logues à ces grandes vues, donner de la « stabilité au crédit, *recomposer l'armée*, « guérir des blessures qui n'ont que trop dé- « chiré le sein de notre patrie, assurer enfin « la tranquillité extérieure, et par-là faire « respecter la France au dehors : voilà où « doivent tendre tous nos efforts. Je ne me

« flatte pas que tant de bien puisse être l'ouvrage d'une session ; mais si, à la fin de la présente législature, on s'aperçoit que nous en avons approché, nous devrons être satisfaits de nous. Je n'y épargnerai rien ; et, pour y parvenir, je compte, Messieurs, sur votre coopération la plus active. »

L'auteur de l'Histoire de la session de 1815 donne à ces paroles une interprétation analogue à sa manière de voir et de juger. Il en tire la conséquence que les chambres sont appelées à coopérer à toutes les parties de la législation, et même à des actes qui appartiennent *exclusivement à la royauté*, comme l'acte de *recomposer l'armée*. Nous lui répondrons d'abord sur ce point que, pour recomposer l'armée, il faut établir un mode de recrutement ; que, sans cette mesure, l'on ne pourra la porter au complet : au moins, nous le pensons. Nous ajouterons que la Charte prévoyante s'est expliquée. Elle exige que ce mode ne puisse être établi que par une loi expresse ; alors le concours du Corps Législatif devient nécessaire.

Mais, dira-t-on, quelle est la marche que les deux chambres ont à suivre ? La Charte l'a tracée ; et elles ne doivent jamais en dévier, à moins de se déclarer en opposition avec cette garantie de nos destinées. Elles ont le droit de faire des propositions; c'est sous ce seul rapport que le Roi a pu les appeler à le seconder.

La loi sur le divorce nous fournit cette preuve frappante que lorsque *le Roi* n'a pas pris l'initiative sur un objet (car, en cette circonstance, *Sa Majesté* n'usa pas de ce droit), il s'empressera toujours de faire proposer par l'organe de ses Ministres, un projet de loi conforme au vœu que les deux Chambres l'auront supplié de prendre en considération.

Il faut avouer que M. *Fievée* n'a pas beaucoup plus médité la Charte, qu'il n'a assisté, comme il veut bien nous le dire, aux séances de la Chambre des députés. Il n'aurait pas prétendu que l'autorité royale pouvait réorganiser l'armée sans la coopération des deux autres branches du Corps Législatif.

Nous croyons ne pas différer d'opinion avec l'auteur, sur les pouvoirs que la Charte accorde à la Chambre des députés, dans la confection de la loi: il serait donc inutile et illusoire d'établir une discussion sur la véritable acception du mot *Représentation na-*

tionale. Il cite une autorité pour nous bien respectable sans doute, celle de l'infortuné Louis XVI, qui a consacré ce mot; peut-être hélas! ce mot fatal, *Représentant de la nation*, lui a coûté ce que *douze* ou *quinze mille* émigrés n'auraient même pu empêcher.

Nous nous sommes fait cette question : A quoi peuvent être utiles pour l'Histoire de la session de 1815, les deux chapitres, l'un portant pour titre : *des prétentions des royalistes*; et l'autre : *des prétentions des révolutionnaires?* Quelle est donc l'intention de l'auteur en présentant une pareille disparate? A-t-il voulu opérer un rapprochement général; pousser un cri d'anathème contre ces dénominations vagues dont on s'est si long-temps et si malheureusement servi pour justifier tant de crimes et tant d'actes arbitraires? Oh! que l'auteur de la session de 1815 mériterait d'éloges, surtout dans un moment où les passions ne sont point encore éteintes, malgré les bons exemples du meilleur des Rois! Mais, il faut le dire, nous craignons bien qu'il ne les exaspère, et qu'en remettant les partis en présence, il ne renouvelle de fausses prétentions, qui ne peuvent exister que dans son imagination.

L'ensemble de l'Ouvrage, en y réfléchissant, nous a paru être plutôt un appel aux partis, qu'une exhortation persuasive pour nous amener tous à l'union et à la concorde.

A la page 69 de son Ouvrage, l'auteur de l'Histoire de la session de 1815 s'exprime ainsi en s'adressant aux émigrés.

« Vous avez quitté la France au premier « moment de nos troubles civils, lorsque *le* « *Roi* était encore sur son trône; ce trône, « déjà ébranlé par des principes désastreux, « devint plus vacillant par votre départ : il fut « renversé; qui essaya de le défendre? »

L'auteur a-t-il bien réfléchi en traçant ces lignes indiscrètes? A-t-il oublié que des personnages augustes ont cherché un asile loin de leur patrie? Et que c'est à ces mêmes personnages qu'il fait entendre ces paroles : *Vous avez abandonné le trône. Etes-vous morts pour défendre le trône?*

Non; les *Méhée*, les *Carnot*, les *Felix Lepelletier* et tant d'autres, de malheureuse mémoire, ne se sont jamais permis rien de plus fort que ce reproche. En 1814, *Bedoch* et *Dumolard*, du haut de leur tribune aux harangues, tonnaient aussi dans le même sens:

ils dirigeaient les mêmes attaques contre les émigrés.

Nous pourrions donner plus d'étendue à nos réflexions ; mais quelle immense reconnaissance ne devons-nous pas à l'émigration ? Elle nous a conservé notre *Roi légitime* ; elle nous l'a rendu. Personne n'osera mettre en doute cette vérité : elle a fait même plus, elle nous a rendu avec l'objet de nos vœux, cette auguste famille qui fera toujours le bonheur des Français, et que, peut-être sans elle, nous pleurerions encore : seconde vérité non moins incontestable que l'autre.

Quant à la dernière supposition que la réunion des émigrés autour du trône aurait pu le garantir des coups funestes que les factieux lui ont portés, c'est un problème difficile à résoudre.

Nous avons dit, et on nous entendra répéter dans notre Ouvrage, tout en applaudissant à la conduite des royalistes restés en France, que ceux qui ont émigré ont suivi la ligne la plus directe pour donner à la cause de la légitimité une preuve non équivoque de leur attachement.

Nous ne prétendons pas défendre ici notre cause particulière. A l'époque du 10 août, l'un de nous suivait la carrière de l'enseignement dans une école royale et militaire, à Effiat en Auvergne; l'autre se trouvait au château des Tuileries.

A la fatale époque du 20 mars, nous sommes restés l'un et l'autre en France.

Peut-être n'aurions-nous pas dit un mot sur les prétentions dont parle l'auteur, et qui ne peuvent exister que dans son imagination, et peut-être aussi l'aurions-nous laissé livré au repentir d'avoir avancé une assertion aussi injuste qu'inutile, si l'opinion contraire à la sienne, que nous avons émise dans le cours de notre Ouvrage, ne nous y eût forcés.

Voici comment nous avons toujours raisonné : Le Roi connaît ses fidèles serviteurs ; il s'en entoure; on voit auprès de *Sa Majesté*, et ceux qui ont échappé à la journée désastreuse du 10 août, et ceux qui ont émigré. Si le Monarque, dans sa clémence, a voulu oublier le passé, il a le droit de demander, pour un si grand bienfait, le repentir et une conduite irréprochable à l'avenir. Quel est le Français assez ingrat qui ne voudra pas donner cette noble preuve de dévouement ? C'est en osant pénétrer les intentions du cœur paternel de *Sa Majesté*, que nous nous sommes formé notre opinion sur sa volonté.

Selon notre façon de voir, le Roi a toujours été la personne de son royaume qui connaissait le mieux l'opinion publique. Nous le supposions instruit par l'organe de ses Ministres, auxquels des documens certains et irrécusables étaient transmis par leurs correspondances avec les préfets et les autres autorités constituées; mais l'auteur de l'*Histoire de la session de* 1815 met en avant une autre opinion dans les pages 125 et suivantes de son ouvrage. Nous supposions que les préfets et les autres autorités, en donnant les renseignemens nécessaires aux Ministres, agissaient comme des hommes francs et loyaux, et en véritables serviteurs d'un Roi tel que le nôtre.

L'auteur, au contraire, nous les présente comme de vils adulateurs qui instruisent un Ministre qui, tout en demandant l'esprit de l'opinion publique, ne veut pas le connaître ou du moins savoir quel est le véritable.

Nous nous faisons un plaisir d'avouer que nous avons une toute autre opinion des hommes; mais peut-être l'auteur s'y connaît-il mieux que nous, ayant été, à ce qu'on nous assure, préfet d'un département : nous pensons que ce n'est pas sous le ministère actuel.

La page 131 de l'*Histoire de la session de 1815* nous a frappés. Elle est en effet remarquable par une prétendue réponse que fait à l'auteur un ami de la vérité.

« Grâces à nos divisions (celles des royalis-
« tes), dit-il, il n'est pas un révolutionnaire de
« bonne société qui ne puisse se moquer de
« tous les royalistes sans se compromettre. Il
« peut crier contre le clergé, en s'appuyant
« de certaines autorités ; il peut défendre les
« régicides, en s'appuyant des propositions
« faites dans la Chambre, etc. »

Nous ne pouvons nous empêcher de marquer notre étonnement ; et il nous serait bien difficile de deviner où l'auteur a trouvé, dans les propositions ou discours prononcés dans les deux Chambres, aucune de ces erreurs qu'il ose avancer aussi gratuitement. Nous pouvons assurer, sans craindre de nous tromper, qu'il ne les a pas entendues, puisqu'il ne s'est jamais trouvé à aucune séance. Nous sommes en droit de lui demander dans quel discours il a lu que le clergé avait été décrié au point que l'on puisse s'en autoriser. Mais il va plus loin encore en alléguant aussi légèrement que les régicides ont trouvé des défenseurs dans les Chambres. Qu'il nous permette de lui donner un démenti à ce sujet. Nous lui apprendrons, puisqu'il l'ignore, que tous les orateurs, sans exception, ont peint avec une franche énergie toute l'horreur que ces hommes leur inspiraient ; s'ils ont conclu en faveur du projet d'amnistie accordé par le Roi, ce ne fut que par respect pour le testament de l'*auguste Victime*, et pour se conformer aux intentions paternelles de *Sa Majesté*, qui voulait un pardon général.

Que l'auteur nous déclare donc s'il voit dans cette conduite rien qui autorise les révolutionnaires de bonne compagnie à publier que le crime des régicides a été défendu. *

Aux pages 148 et 149 de son Ouvrage, M. Fievée prétend que la chambre des députés regardait « le ministère en exercice « comme étant de sa création ; qu'elle lui « avait accordé son suffrage ; qu'elle n'igno-

* Nous déclarons, en notre particulier, que nous considérons l'expulsion des régicides comme l'acte le plus national que l'on ait exercé depuis la restauration, acte qui ne pouvait être provoqué que par les députés.

« rait pas qu'un parti puissant ne négligerait « rien pour jeter non-seulement la division « dans son sein, mais entre elle et la Chambre « des Pairs, entre elle et les Ministres. Elle « sentait surtout que l'union entre toutes les « autorités était la première condition indis- « pensable pour rasseoir la France si cruelle- « ment ébranlée. »

Un peu plus loin, M. *Fiévée* nous fait connaître que, le jour où les Ministres apportèrent la loi sur les cris séditieux, il fut abordé par un certain nombre de députés; il nous fait encore observer que ce ne fut point dans un club. (A cet égard, il partage notre avis, en convenant que les réunions politiques, même pour les députés, ne peuvent leur assurer aucun succès honorable, et finissent par leur ôter leur indépendance.)

Ce fut donc dans un salon que ces députés lui annoncèrent qu'un projet de loi, ainsi rédigé, ne leur avait été présenté que pour préparer une rupture entre la Chambre et le Ministère.

M. *Fiévée*, sans doute, d'un caractère pacifique, employa tous ses moyens pour empêcher cette rupture! *Il leur répondit que c'était ainsi qu'on agissait sous Buonaparte*, *qu'on faisait des décrets sans trop s'embarrasser de ce qu'ils contenaient, et poursuivit, en leur faisant le tableau des travaux du conseil d'État de ce temps-là.*

Nous le dirons, s'il eût été du nombre de ceux qui ne désiraient point cette rupture, il aurait pu recourir à d'autres expédiens pour venir à bout de rapprocher les esprits. Il s'adressait à des hommes qui détestaient tous les actes, soit de législation, soit d'exécution, qui s'étaient faits sous le règne de l'*usurpateur*. C'était, selon nous, attiser le feu plutôt que de chercher à l'éteindre. Nous sommes fâchés qu'il nous ait fourni l'occasion d'accuser ses intentions : il en coûte à notre caractère ; mais nous profiterons de celle qu'il vient de nous donner, pour lui dire franchement que nous avons cru apercevoir dans son ouvrage la propagation des mêmes principes.

Nous nous ferons une loi de ne plus attaquer les intentions de l'auteur ; et nous aurions désiré que, dans cette circonstance, il ne se fût pas montré à découvert.

M. *Fiévée* regarde la loi qui fut présentée par M. *de Cazes*, comme encore plus mal rédigée que celle que l'on proposa sur les cris séditieux. Pour le prouver, il nous met sous les yeux l'article II, ainsi conçu :

« Les mandats à décerner contre les indi-« vidus prévenus de l'un des crimes men-« tionnés à l'article précédent, ne pourront « l'être, etc. . . . . »

On aurait dû, selon M. *Fiévée*, s'exprimer ainsi : « *ne pourront être décernés*. » Malgré cette chicane grammaticale, aussi inutile que pitoyable (car, en législation, on s'attache à l'esprit de la chose plutôt qu'au style), l'auteur veut bien ajouter que la Chambre adopta cette loi, sans même exiger aucun amendement. Il nous prouve donc, par cet aveu, combien la Chambre était prévenue en faveur de ce Ministre *dont il fait l'éloge* *.

---

* Il disait, pages 154 et 155, en parlant de ce Ministre, que, pendant les cent jours, sa conduite avait été courageuse ; que, nommé *préfet de police* au retour du Roi, il montra du dévouement, travailla jusqu'à altérer sa santé, et maintint la ville de Paris dans l'ordre, sans le secours d'aucune loi extraordinaire. Il ajoutait qu'au moment où M. *Fouché* parut dangereux, même à ses collègues, M. *de Cazes*, préfet de police, lutta contre *Fouché*..... Plus loin, en parlant du discours de ce Ministre, il dit « qu'il y avait de la « chaleur, une haine prononcée contre les factieux, et

Mais, selon lui, le Ministre fit une faute impardonnable. Quelle fut donc cette faute? quelle en était la matière? Une circulaire, aussi sage que bien réfléchie, tendante à régulariser cette loi. Comment osa-t-il supposer que cette instruction préparatoire, nécessaire pour l'exécution de la loi, fut cause que ce Ministre perdit beaucoup dans l'esprit de la majorité de la Chambre? « Son amour propre, dit-il, en fut irrité. » « On sent, ajoute M. *Fiévée*, tout ce que les brouillons politiques « durent tirer d'avantage de cet acte pour di- « viser les esprits, ôter à M. *de Cazes* la « confiance qu'il avait acquise, et à la Chambre « l'envie de se décider dorénavant par com- « plaisance pour lui *. »

Nous jugions la Chambre bien différemment que l'auteur de l'Histoire de la session de 1815; nous la voyions occupée des grands intérêts de l'État, et, d'après ses vues, nous nous disions: Un Ministre juge-t-il que la loi dont l'exécution lui est confiée (loi d'un

---

« quelque chose qui répondait si bien aux sentimens « de tous les cœurs royalistes, etc. »

* Comment est-il possible que le panégyriste de cette Chambre la blâme aussi gratuitement?

intérêt si majeur), n'étant pas bien comprise par les subalternes chargés de l'exécuter, peut faire commettre des injustices : il l'explique par une circulaire, laquelle d'ailleurs a pu être suggérée par les discussions qui ont eu lieu dans les deux Chambres.

Nous aurions pensé que les deux branches du Corps Législatif qui avaient consenti cette loi, au lieu de retirer à ce Ministre leur confiance, lui en auraient témoigné beaucoup plus, et lui auraient accordé sans réserve toute leur estime *.

Nous ignorions aussi qu'il existât des *brouillons politiques*, que l'on pourrait plutôt nommer des *intrigans politiques*, qui remplissaient les salons de réunion des députés, et que c'était dans ces réunions que se formait l'opinion publique sur le Ministère, laquelle était propagée le lendemain dans tout Paris, particulièrement dans les tribunes de la Chambre des députés. (Les dames étaient chargées de cette *intéressante mission.*)

* Les reproches faits au Ministre pendant la dernière session ont prouvé la sagesse de cette circulaire, puisqu'elle a empêché les inconvéniens sans nombre qui auraient pu résulter de l'arbitraire de la loi.

Nous savions bien qu'il avait existé et qu'il existait peut-être encore des hommes qui, toujours guidés par le mensonge et poussés par la calomnie, s'étaient servis de ces armes meurtrières pour dénigrer ce qui a existé de plus respectable; mais nous ne nous serions jamais douté qu'ils se seraient faufilés avec ce que la France a de plus recommandable.

Quant à l'impression et à la vente du discours de M. *de Lanjuinais*, prononcé dans la discussion de la loi précitée, nous avons partagé l'opinion de M. *Fiévée* *.

A la fin du chapitre sur les lois de sûreté, page 174 de l'Histoire de la session de 1815, l'auteur dit : « Qu'il n'a présenté les lois de « sûreté que sous le rapport des discussions « qu'elles ont produites à leur naissance; il « faut du temps avant de pouvoir juger le bien « qu'elles auront fait, et la manière dont elles « auront été appliquées. Cet examen appar- « tient d'ailleurs *à la Chambre*, qui s'en occu- « pera sans doute dans la session prochaine. »

Nous ne prononcerons pas sur la question de savoir jusqu'à quel point, non *la Chambre*

---

* Il est essentiel de voir le postscriptum de cet opuscule.

(comme dit l'auteur), mais *les Chambres* ont le droit de demander aux Ministres, compte de la manière dont ces lois ont été appliquées. La discussion * en serait trop longue, et nous n'oserions prononcer dans cette matière importante. Cependant, nous pouvons assurer que le tableau comparatif de la France de 1815 avec la France de 1816, que les Ministres présenteront certainement à cette session, leur offrira des argumens irrésistibles pour terrasser leurs calomniateurs.

Le chapitre XI de l'Histoire de la session de 1815 contient une proposition tendante *à réduire le nombre des tribunaux, à suspendre pendant un an l'institution royale des juges, et à effectuer l'épuration.*

Comme ces propositions ont été discutées en comité secret, nous nous sommes fait une loi de n'en pas parler. Quelques discours, il est vrai, ont été imprimés; mais, ne pouvant mettre en balance ceux des orateurs qui

---

* Cette discussion se retrouve dans le troisième volume des *Annales historiques des sessions*. M. *Fiévée* écrivait au mois d'août 1816. Il y a à présumer qu'à cette époque il se doutait bien que l'examen de l'application de la loi serait demandé par *une des Chambres*; il ne prévoyait pas *l'ordonnance du 5 septembre*.

ont donné un avis contraire, nous craindrions, en les transmettant au public, de ne pas exprimer exactement le *pour* et le *contre*. En nous imposant donc un silence absolu en cette circonstance, nous avons voulu prouver l'impartialité qui nous guide et nous guidera toujours dans le cours de notre Ouvrage.

Comme l'épuration n'est pas du domaine de la Chambre, et comme toutes les fausses assertions que M. *Fiévée* a alléguées ne sont que le fruit de ses conceptions, nous croyons pouvoir présenter nos réflexions.

Selon lui, il aurait fallu établir dans les départemens des *commissions composées des hommes les plus notables*. Qui aurait voulu en faire partie? On peut présenter cette objection : l'homme honnête se décide difficilement à prononcer sur le sort d'un père de famille qu'il voit journellement. Pour lui, l'humanité est un puissant véhicule, *lorsque la passion n'agit pas, et ce qui se fait avec passion entraîne souvent après soi l'injustice*.

Le Ministre qui serait venu faire une semblable proposition au Roi, en aurait reçu la réponse que nous venons de faire. Osons croire que le Ministère a éloigné des emplois les hommes désignés par l'opinion publique;

mais que le père de famille, homme d'un caractère faible, remplissant une place subalterne, peut avoir été conservé dans la sienne, surtout lorsqu'elle n'est pas de nature à influencer l'esprit public.

Nous convenons qu'à la page 218 de son Ouvrage, M. *Fiévée* nous cite quelques phrases d'un discours prononcé par M. *de Barante*, qui prouvent les bonnes intentions de ce député. Nous les rapportons ici.

« Eh! Messieurs, suivons une marche plus « convenable. Tous, d'un commun accord, « nous voulons les mêmes résultats; travail- « lons-y de concert et sans méfiance récipro- « que. Ne séparons pas ce que la France a « uni; laissons pour d'autres temps les parties « de l'opposition, *les ambitions ministé- « rielles, les succès des tribunes et des so- « ciétés*. Le Roi, ses Ministres, les Cham- « bres, tous sont portés sur le même vaisseau, « et cherchent à le sauver, chacun au poste « où il se trouve. Nous voulons avoir de bons « juges; nous savons ceux qui, dans nos « provinces, sont dignes de la confiance du « Roi : eh bien! faisons notre devoir; allons « dire leurs noms au Ministre qui les cherche; « ne le reléguons pas dans sa responsabilité;

« partageons-la avec lui : s'il le faut, qu'il se « fasse honneur de nos choix. »

Cette mesure franche et loyale, proposée par M. *de Barante*, nous paraît, à nous qui n'avons pas des connaissances aussi profondes en matières politiques, que peut en avoir M. *Fiévée*; cette mesure nous paraît, disons-nous, renfermer des vues si sages, que nous ne concevons pas qu'elle n'ait pas été adoptée avec enthousiasme : mais lui voit autrement. Il prétend que « les députés ne peuvent trop « s'interdire toute action hors la Chambre, « et qu'ils ont pu s'apercevoir que les com- « munications intimes qu'ils ont eues, ont « toujours fini par les compromettre (il veut « dire avec les Ministres »)............

....

Nous leur dirons, nous, avec les *brouillons* ou *les intrigans politiques*, qu'ils les éloignent d'eux, et ils deviendront *eux-mêmes*, c'est-à-dire, des hommes ennemis de toutes les intrigues et de toutes les cabales, maladies dangereuses qui ont toujours miné dans leur source les principes fondamentaux d'un État, qu'on ne peut attaquer sans causer un ébranlement, symptôme de sa ruine.

A la page 271, M. *Fiévée* prétend que

« M. *de Richelieu* n'a jamais parlé en public
« sans montrer le plus grand désir de voir
« se former entre tous les pouvoirs une union
« si nécessaire à la France. Comment se fait-
« il que le même désir ayant été le sentiment
« dominant de la Chambre, cette union ne
« se soit pas formée ? »

M. *Fiévée* ajoute que, pour répondre à cette question, il faudrait entrer dans des détails qui tiennent à l'histoire sécrète.

Cherchons donc à y répondre nous-mêmes, sans le secours de ce moyen mystérieux.

Nous sommes parfaitement convaincus que les députés, en partant de leurs départemens, venaient aussi avec l'intention bien formelle de voir cette union régner dans tout son éclat; aussi cet heureux accord exista-t-il dès le commencement de la session. Mais les *jaloux*, les *ambitieux*, les *brouillons politiques* en frémirent : cet état prospère dérangeait leurs projets. Ils cherchèrent à s'insinuer dans les salons où se réunissaient les députés, employèrent le langage de l'orgueil et de l'amour propre, leur firent entendre qu'ils étaient les hommes de la nation, et que la France attendait d'eux son salut. N'osant pas calomnier l'auguste Monarque qui nous gouverne, ils présentèrent ses Ministres comme animés du seul désir de la domination ; ils leur prêtèrent l'intention et les accusèrent même de suivre les erremens des *ministres* de l'*usurpateur*, et de vouloir et faire, des Chambres, *des machines à loi* dont ils feraient mouvoir les rouages suivant leurs caprices et leur volonté. L'amour propre fut vivement piqué ; on oublia que l'ennemi commun * veillait pour tirer un avantage marquant des moindres fautes qu'une fatale imprudence pourrait faire commettre. Mais comment ne présenter qu'un seul faisceau d'opinions ? Comment former une majorité prépondérante ? Chacun votant dans son indépendance, la réussite sera difficile. Un seul moyen se présente pour arriver à ce but désiré : on organise des clubs ; et ce fut dans ces foyers, dignes enfans de la révolution, où toutes les passions trouvent un aliment propre à leur malignité, que prit naissance cette majorité régulière qui se montra toujours en opposition avec le Ministère.

Cette majorité fut désignée par un ora-

---

* Nous appelons ennemi commun les partisans *de la démagogie.*

teur * qui dévoila le mystère des initiés, en avouant qu'il parlait au nom de ceux *avec lesquels il avait l'honneur de voter.*

Les *clubs* cessèrent; mais les leçons qu'on y avait puisées restèrent, et l'on se ressentit des effets de leur fatal souvenir. On se retrouva dans les salons, où *les intrigans politiques* ne perdirent ni leur temps, ni eurs efforts.

A la page 276, M. *Fiévée* avance qu'il est impossible de n'être point frappé de la tristesse qui règne dans les deux discours prononcés par M. *de Corbière*, pendant les débats sur la loi d'amnistie dont il était rapporteur. Il s'écrie à cette occasion : « Quelle ré« vélation de probité pour ceux qui con« naissent le cœur humain ! » Avouons-le, il nous aurait été bien difficile d'établir un fondement de probité sur la prétendue tristesse que l'on apercevait dans les discours du rapporteur : nous les avons lus avec la plus grande attention; il y a même plus, nous les avons entendu prononcer, et nous y avons remarqué une toute autre physionomie, un tout autre langage que celui de la tristesse.

* M. Feuillant.

Nous serions même fondés, peut-être, à lui adresser quelques reproches à cet égard.

Quant à la révélation de la probité de M. *de Corbière*, nous en avons des preuves plus réelles, que nous ne donnerons pas, dans la seule crainte de blesser sa modestie; et pour cela nous lui vouons la plus haute estime. Mais nous espérons qu'il aura mûrement réfléchi; qu'il se rappellera le mal incalculable que l'opposition de sa province causa en 1787 et 1788, l'acharnement qu'elle mit à résister aux ordres du Roi, et les fatales conséquences qui en résultèrent. Qu'il se ressouvienne aussi qu'à cette époque toutes les doléances, tous les écrits incendiaires qui sortaient des imprimeries de *Rennes*, dirigeaient leurs attaques contre le Ministère. Plein de ces réflexions, nous ne doutons pas qu'il ne frémisse d'épouvante, en pensant aux suites funestes que pourrait entraîner après lui le manque d'accord entre les trois branches du Corps Législatif.

Un homme dont la célébrité fut si fatale à la France, et qui, à ce qu'on nous a dit, n'est pas tout-à-fait étranger à M. *de Corbière* (*feu M. Chapelier*), a été détenu avec l'un de nous pendant la terreur, et ils ne se sont quittés qu'au moment où M. *Chapelier* partait pour paraître devant les bourreaux qui versèrent tant de sang. Il lui avoua « que la « fatale ambition avait été la cause et le prin- « cipe de toutes ses erreurs ; que l'idée de « devenir un jour Chancelier de France, « l'avait jeté dans l'égarement ; qu'arrivé aux « États-Généraux, les factieux les plus cou- « pables s'étaient emparés de lui, avaient « reconnu sa faiblesse, et lui avaient promis « cette part dans le Ministère ; qu'il s'était « abusé, et avait employé tous ses moyens « à servir la plus fatale des causes ; qu'il se « reprocherait toujours toutes ses actions po- « litiques. Il se regardait comme l'un des « premiers bourreaux de son Roi. »

Mais donnons à la famille de M. *Chapelier* une véritable consolation ; qu'elle sache qu'il est mort plein du repentir le plus sincère ; que s'il désirait conserver la vie, ce n'était que pour employer le reste de ses jours au service de son Roi. Il disait que, s'il était assez heureux pour coopérer à remettre l'auguste famille sur le trône de ses ancêtres, il irait finir ses jours dans la retraite la plus obscure, et y pleurer amèrement sur ce qu'il appelait ses crimes.

Que nos lecteurs nous pardonnent cette digression, et que M. *de Corbière* soit bien persuadé de la pureté de nos intentions. Nous n'avons jamais pensé que l'ambition ait été le mobile de ses actions; mais nous le conjurons d'être en garde contre *les brouillons politiques*.

Nous n'en dirons pas davantage sur l'amnistie; nous renvoyons nos lecteurs aux réflexions qui terminent le chapitre où nous avons présenté la discussion de cette loi.

Ala page 301 de l'Histoire de la session de 1815, l'auteur s'explique ainsi :

« C'est un tort, en politique, d'accuser et « de ne pas poursuivre, parce que personne « n'ignore qu'en politique, il n'y a qu'une « manière de se défendre, c'est de s'élever « au-dessus de ceux qui accusent, de les oc- « cuper assez du soin de leur conservation, « pour qu'ils s'y livrent exclusivement. »

C'est au sujet de l'évasion de *Lavalette*, et de l'espèce d'accusation présentée par MM. *de Sesmaisons* et *de Bouville*, que l'auteur de la Session de 1815, avance ces réflexions, à la suite desquelles il prétend que depuis cette

* Annales historiques des sessions du Corps Législatif, t. II.

époque la majorité de la Chambre des députés a été attaquée sur tous ses actes.

Nous ne déciderons pas la question établie, si c'est un tort en politique d'accuser et de ne pas poursuivre ; mais nous fixerons ce principe qui est de tous les temps, et reconnu chez tous les peuples civilisés. Nous soutenons d'abord qu'avant d'accuser il faut mûrement peser les motifs et la justice de son accusation ; il faut bien méditer ensuite sur qui elle porte, et si, à côté du préjudice particulier que l'on cause à celui qui en est le premier objet, il n'en résulte pas un plus grand pour la société.

Nous mettons dans cette dernière hypothèse toute accusation irréfléchie, dirigée contre un Ministre. Un Ministre est investi de la confiance de son Souverain ; n'est-ce pas chercher à lui ôter celle de la nation qui lui est nécessaire ?

Nous crûmes dans le temps que M. *de Sesmaisons*, guidé par ces réflexions, s'était déterminé à suspendre sa proposition, qu'il fut forcé de faire, peut-être dans l'intention d'empêcher que M. *de Bouville* ne présentât la sienne, qui était beaucoup plus exagérée. Cela n'empêcha point qu'elle n'eût lieu. Elle fut de nature à n'avoir pas l'approbation de la Chambre.

En parlant des étrangers qui, s'il faut en croire M. *Fiévée*, insultaient la Chambre toutes les fois que l'occasion s'en présentait, il dit : « J'ai eu ma part de ces insultes ; car on « me fait l'honneur de me lier à la majorité « de la Chambre. »

Nous les avons entendus aussi ces étrangers, et nous répondrons : *Si ne pas admirer, c'est insulter ; si ne pas applaudir, c'est insulter ; si blâmer, c'est insulter ; si craindre pour les suites que pourraient avoir certains principes propagés à la tribune, c'est encore insulter* ; oh ! alors M. Fiévée peut avoir raison...... Il est vrai que ces étrangers, *placés dans une position qui a toujours exigé beaucoup de réserve* *, ont souvent insulté, en ce sens, et la majorité de la Chambre, et *ces intrigans politiques* qui, dans leurs écrits, se permettaient non-seulement de publier des principes subversifs de notre Gouvernement actuel, mais voulaient encore donner des avis à la majorité de la Chambre. *Nous demanderons donc à M. Fiévée, s'il a cru devoir prendre pour lui ces prétendues insultes.*

* Il semblait désigner les membres du corps diplomatique.

Puisque nous en sommes sur le chapitre des étrangers, nous reviendrons sur un sujet que nous avons déjà traité dans notre Ouvrage, en transmettant la note qui, à la suite du traité de paix, fut adressée à M. *le duc de Richelieu*, par les ministres des quatre grandes puissances contractantes. Sans nous arrêter à l'espèce d'anathème lancé par un écrivain célèbre * sur ceux qui voudraient faire *intervenir* les étrangers dans nos discussions politiques, *pénétrés aussi vivement que qui que ce soit de la dignité du caractère français*, nous ne cesserons de répéter ce que nous avons déjà dit.

Nous pensons que les étrangers doivent redouter la propagation dangereuse de toutes espèces de principes qui pourraient jeter de nouveau la France dans le trouble et la confusion, puisque, depuis près de trente ans, la tranquillité de l'Europe a été compromise, et presque tous les gouvernemens ébranlés par les effets désastreux de nos dissentions politiques.

En parcourant les pages 334, 335 et 336 de l'Histoire de la session de 1815, qui traitent

* M. de Châteaubriand.

de la loi sur les élections, nous nous sommes de plus en plus convaincus de cette vérité. Dans cette discussion, l'on a mis les hommes à la place des choses; et si la Chambre avait été composée d'autres élémens, les mêmes personnes qui ont voté en faveur du renouvellement intégral, auraient eu une opinion diamétralement opposée sur tous les membres qui veulent de bonne foi le mode de gouvernement auquel ils se sont liés par un serment solennel.

Puisque l'on s'est déchaîné sur l'inconvenance qu'eut la Chambre des pairs à rejeter la loi en masse et sans discussion partielle, nous dirons notre avis à ce sujet; et comme il se rattache à l'opinion que nous avons déjà fait connaître comme un principe en législation, que *le pouvoir aristocratique* (ainsi le nomme l'auteur de l'Histoire de la session de 1815) est spécialement chargé de la conservation de la Charte, nous en tirons la conséquence que la Chambre des pairs a agi comme elle devait le faire, en refusant son suffrage à une loi qui en modifiait trois ou quatre articles fondamentaux; et que, dans cette hypothèse, elle a considéré l'ordonnance du 13 juillet comme abrogée par le discours que *Sa Majesté* prononça à l'ouverture des Chambres.

Le chapitre XVI de l'Histoire de la session de 1815, concernant les propositions en faveur de la Religion, nous donne l'occasion de dire que M. *Fiévée*, pour prouver son *impartialité*, a presque toujours appuyé ses raisons et adopté, pour ainsi dire, servilement les pensées des orateurs qui ont parlé dans son sens, sans rappeler les principes de ceux qui les ont combattus. Dans ce chapitre, il cite un discours de M. *de Bonald*: il ne pouvait pas mieux choisir pour nous forcer au silence, car tout ce qui sort de la plume éloquente de cet écrivain, est pour nous une autorité si forte, qu'à peine osons-nous émettre notre opinion.

M. *de Bonald* s'exprime en ces termes :

Messieurs,

« On vous a proposé hier de rendre *à la*
« *Religion* la partie des biens qui n'a pas
« été vendue ; je dis à la Religion, et non
« pas au clergé ; car, si nous voulons faire
« vivre dans une honnête aisance les mi-
« nistres des autels, c'est la Religion seule
« que nous voulons doter et enrichir ; et

« il ne faut pas s'y tromper : les biens du clergé « ont été l'effet de la piété des fidèles ; mais les « richesses de la Religion, qui fondaient « et soutenaient tant d'utiles institutions, « étaient, plus qu'on ne pense, la cause de « cette piété. »

Nous ne ferons mention que de ce passage : nous y puisons les moyens d'opposer nos réflexions, qui nous semblent avoir été à peu près prévues par l'orateur. Ses expressions sont bien claires ; il nous propose de rendre à la *Religion* et *non au clergé* *. Mais, pour rendre ou restituer, il faut nécessairement un propriétaire ; nous demanderons : Où est-il? Nous le cherchons, et nous ne le trouvons nulle part ; s'il en existait un, nous aussi alors nous aurions voulu que l'on restituât.

Si M. *de Bonald* avait dit : *Donnons à la Religion*, nous ne pourrions lui opposer aucun argument contraire, si ce n'est cependant notre situation financière ; car, avant de *donner, il faut payer ce que l'on doit.*

---

* Nous prions toujours le lecteur de se ressouvenir que ce chapitre a été écrit entre les sessions de 1815 et de 1816 ; on le trouvera à la fin de notre second volume des Annales historiques des sessions.

Nous avons avancé que nous ne voyions le véritable propriétaire nulle part : il est facile d'appuyer notre assertion par des faits. Personne n'ignore sans doute que tous les biens existans aujourd'hui dans les mains du Gouvernement, sont ou des forêts ou de vastes bâtimens. A qui appartenaient ces propriétés? Au clergé régulier? Ce corps n'existe plus : dans ce cas, à qui rendra-t-on? A la Religion? Il nous semble qu'avec ce mot *abstrait*, on se jette dans un vague d'où il sera bien difficile de sortir.

Quoi qu'il en soit, cette restitution pourrait-elle remplir les intentions des donateurs? Oui, quant aux offices divins qu'ils ont exigés comme clause principale de leurs donations; mais les causes qui les ont motivées n'ont pas toujours été les mêmes : par exemple, nous affirmons et nous pouvons fournir la preuve que quelques-uns de ces actes de bienfaisance gratuite ont été faits anciennement par des familles protestantes. Quelle est la raison qui les portait à cette libéralité? Était-ce par zèle pour la Religion? On ne peut le supposer. Mais ces familles voyaient une réunion de vertueux *cénobites* qui faisaient beaucoup d'aumônes aux indigens qui avoisinaient leurs cloîtres, et qui, outre cela, ordonnaient et confectionnaient des travaux utiles, dont les ouvriers recevaient un salaire pour leur subsistance; d'où il résultait que le pays et les *Cénobites* eux-mêmes retiraient le plus grand avantage de ces donations.

On peut donc conclure que ces familles donnaient, dans l'intention que leurs bienfaits seraient utiles au bien public.

Nous assurerons de plus que diverses autres donations, faites anciennement, et dont nous avons connu les actes, expliquaient la volonté des donateurs, et qu'elles étaient conformes aux principes que nous venons d'admettre.

M. *Fiévée* fait encore remarquer avec complaisance un second discours prononcé, dans le même sens, par M. *le duc de Brissac* : il contient à peu près une réponse à nos observations.

Dans cette fluctuation d'idées, que l'on s'explique sans détours, que l'on ne rende point, qu'on ne restitue point, mais *qu'on donne ;* alors plus de doute, nous nous entendrons. M. le duc de *Brissac* semble avouer que les propriétaires n'existent plus.

Comme nous ne pouvons nous flatter d'avoir en finances les grandes connaissances que M. *Fiévée* paraît posséder, nous ne dirons rien à l'égard *du budjet de* 1816.

A la page 427, M. *Fiévée* prétend que, parmi tous ceux qui ont parlé dans le sens du Ministère, sur ce budjet, il est impossible de trouver *le moindre talent applicable aux affaires ;* il veut cependant bien en excepter M. *de Barante* qui, dans ses discours, a montré une *heureuse disposition à saisir et développer des idées générales, et dont les opinions imprimées, brièves sur le sujet en discussion, ont de l'éclat par les considérations dont il les entoure.*

Et nous aussi, nous nous plaisons à rendre justice à M. *de Barante ;* mais nous demanderons à M. *Fiévée* pourquoi il ne fait pas mention de M. de *Saint-Cricq*, qui nous a paru si clair, si précis, et qui a, selon nous, développé avec tant d'avantage tout ce qui avait rapport à la partie administrative qui lui est confiée.

Nous ne dirons rien du Ministre des Finances, à qui l'auteur *de l'Histoire de la session de* 1815 a rendu justice quelques pages avant, mais qu'il a totalement oublié à la page 427.

Nous avons lu avec attention quelques discours cités *complaisamment* par M. *Fiévée* dans le cours de son ouvrage. Si l'on s'en rapportait trop facilement aux bruits publics, ce ne serait pas sans quelque raison qu'on l'aurait associé à la majorité de la chambre, et même à ses travaux auxquels, dit-on, il ne fut pas étranger, quoiqu'il n'eût pas l'honneur d'être député.

La Chambre des pairs, sur le rapport de M. le comte *Garnier*, adopta le budjet sans discussion. Si nous en croyons l'auteur de l'Histoire de la session de 1815, ce rapport fut, sans qu'il ose l'assurer, le sujet de la clôture de la session, parce que l'on redoutait que plusieurs députés ne montassent à la tribune pour répondre à ce pair, et on voulait, dit M. *Fiévée*, *la paix, comme si la paix naissait des attaques sans répliques.*

Nous avons pensé, nous l'avouerons, qu'une discussion élevée entre les deux Chambres était au moins inutile, et que la majorité desdites Chambres paraissant dans une force d'opinions telle que l'on ne pouvait plus faire une loi, le meilleur parti était de proroger la session : c'est le moyen que le Roi a cru devoir prendre.

Nous espérons avec la plus vive confiance qu'à la session qui va s'ouvrir, la majorité de la Chambre éloignera d'elle *les ambitieux politiques*, et qu'elle se réunira de sentimens et d'intention, pour le bien de la France, aux deux autres branches du Corps Législatif; mais nous nous permettons de lui conseiller de séparer d'elle et l'auteur de *l'Histoire de la session de* 1815, *et ses Ouvrages* *.

Nous aurions pu faire quelques changemens au chapitre que nous venons de traiter; mais nous voulons prouver que les circonstances survenues par l'effet de l'ordonnance du 5 septembre, n'ont point influencé nos opinions.

---

* Nous prions encore le lecteur de vouloir bien se souvenir que ce chapitre a été inséré dans le second volume de nos *Annales historiques des sessions*, publié en 1816, avant l'ordonnance du 5 septembre.

CHAPITRE SECOND.

Des Annales historiques des sessions du Corps Législatif, traitant de la session de 1816, *et de la* prétendue *Histoire de cette session, par M. Fiévée.*

En écrivant l'historique de la session de 1816, les auteurs des *Annales* ont suivi la marche qui leur était dictée par leur rôle d'*historiens*; une narration fidèle des principaux faits survenus entre les sessions, leur a paru nécessaire pour donner un aperçu de la situation du Royaume à l'ouverture des Chambres. Ils ont ensuite présenté l'analyse des discussions qui ont eu lieu. Cette marche leur a semblé franche; ils vont démontrer que M. *Fiévée* s'est jeté dans une métaphysique embrouillée, qui ne ressemble en rien à une histoire.

Le premier chapitre de son livre porte ce titre sentencieux : *Les doctrines font la force des nations*. Nous ne le suivrons pas dans le labyrinthe inextricable où il nous jette en traitant ce vaste sujet ; nous ne parlerons que de ce qui a rapport à la session.

M. *Fiévée* commence à s'énoncer ainsi : *Le pouvoir ministériel a certainement fait des progrès pendant la session de* 1816 ; *on lui a sacrifié la liberté des personnes, et la liberté des pensées.*

Est-ce bien à un homme qui, dans tout le cours de son Ouvrage, n'a cessé d'exalter et de porter aux nues la Chambre des députés de 1815, de faire un reproche aussi injuste que mal fondé à la session de 1816? Mais qu'on suive l'auteur, et il sera aisé d'apercevoir quel est son but. Il veut attaquer l'usage que le Ministère a fait de la concession qu'il avait reçue précédemment. Nous pouvons répondre..... un seul de ces actes a été attaqué par les personnages recommandables auxquels M. *Fiévée* veut bénévolement s'associer.

Continuant un peu plus loin, il veut cependant bien excuser le sacrifice fait dans la session de 1815, en prétextant qu'à cette époque on avait dit : « Vous, qui êtes chargés « de défendre toutes les libertés, et de discu- « ter tous les intérêts de la France, voulez- « vous sacrifier momentanément une portion

« des libertés constitutionnelles à la sûreté « du trône? Ils ont, ajoute-t-il, répondu sans « hésiter qu'ils le voulaient; et la même ques- « tion, présentée de même, obtiendrait la « même réponse. Mais, cette année, on leur « demandait de sacrifier toutes les libertés « publiques à la sûreté des *intérêts moraux* « *de la révolution*; et ils ont répondu qu'ils « ne le pouvaient pas. »

Quant à nous, qui n'aimons pas à parler *par suppositions*, nous affirmons que, dans les discours des Ministres dont s'appuye M. *Fiévée*, nous ne voyons aucun rapport *avec les intérêts moraux de la révolution*. Le Ministère, en présentant la situation du Royaume, a dit qu'elle s'était améliorée; mais il n'en a pas moins fait sentir qu'on était loin d'être dans un état de sécurité, tel que l'on pût sans crainte se passer des moyens de prévoyance; et c'est sous ce rapport qu'il a demandé encore pour une année les lois d'exception. Telle est la vérité, et voilà ce qu'un historien fidèle et impartial aurait dû dire.

Le chapitre second, intitulé : *Doctrine Révolutionnaire*, semble avoir été écrit pour persuader le public que le Ministère laisse circuler librement les livres dans lesquels on prêche *la souveraineté du peuple.* M. *Fiévée* dit : « Qu'il s'interdira de nommer « ces livres et leurs auteurs, ayant la con« viction qu'on ne les tolère maintenant que « pour se faire des auxiliaires contre les « grands propriétaires, défenseurs naturels du « pouvoir et de la liberté ; mais que le re« tour contre les propagateurs de cette doc« trine sera terrible à mesure que *le pouvoir* « *absolu s'établira.* »

Tout en semblant attaquer la doctrine *de la souveraineté du peuple*, M. *Fiévée* la consacrerait presque volontiers, en voulant faire sentir qu'il ne faudrait pas discuter ce principe erroné, et le mettre en avant. Nous n'avons point lu les Ouvrages dont parle ci-dessus cet auteur, mais nous avons entendu tous les discours prononcés par les orateurs de la Chambre des députés en 1816; bien certainement, nous avons été très-loin de voir établir cette doctrine révolutionnaire. On se rappellera qu'un député s'étant oublié au point de demander des garanties qu'il semblait trouver, en consacrant *les gouvernemens de fait*, qui dérivent du système de la souveraineté du peuple, il fut vivement combattu par les deux Ministres qui étaient présens à cette séance ; et il le fut avec cet avantage que l'on a lorsque l'on traite un sujet dont on est convaincu, et surtout avec le talent que l'on connaît à ces deux Ministres (MM. *Lainé* et *Pasquier*) ; qui prouvèrent que toutes les garanties existaient dans la légitimité, base de la tranquillité et du bonheur des États.

Nous ferons remarquer que M. *Fiévée* a parlé aussi du *pouvoir absolu*. C'était pour arriver insensiblement à son troisième chapitre qui traite de la *Doctrine de ce pouvoir*.

Avant de nous expliquer sur cette matière, nous croyons devoir parler d'un moyen que l'on cherche à mettre en avant pour discréditer le Ministère. On dit aux partisans du *régime constitutionnel* : Vous ne voyez pas où veut arriver le Gouvernement ; il suit les principes du Conseil d'Etat de l'*usurpateur*, et veut, par les mêmes mesures, parvenir *au pouvoir absolu*. Que les révolutionnaires se servent de ce subterfuge pour égarer l'opinion, cela nous paraît très-naturel ; mais que le parti entièrement opposé l'emploie, voilà ce que nous ne pouvons admettre. Si l'on voulait prouver combien ils sont en contradiction avec leurs dires précédens, que cette tâche serait facile à remplir; mais, nous les laissons réfléchir sur la fausse position dans laquelle ils se jettent sans s'en douter. Nous revenons à notre sujet, et nous allons voir ce que met en avant M. *Fiévée* pour appuyer ce faux raisonnement.

L'autorité ministérielle, dit-il, a commencé par trouver « des prétextes pour épargner en « 1816, aux Conseils généraux de départe- « ment, la peine d'arriver en députation jus- « qu'aux pieds du trône, et enfin, en 1817, « on a introduit un préfet *en permanence* « dans chaque Conseil général. » M. *Fiévée* appelle cela une victoire de l'*autorité ministérielle* sur les libertés publiques.

Selon lui, sous l'*usurpateur*, les préfets s'y introduisaient sans y être autorisés. Nous n'avons jamais été préfet, ni Membre du Conseil général du département; mais il nous reste quelques traditions de notre ancienne monarchie; et nous demanderons au publiciste que nous combattons, si, de tous les temps, les Rois n'ont pas eu dans les *assemblées provinciales* (tant prônées par lui), des représentans qui, nommés par eux, présidaient ces sortes d'assemblées, et y étaient *en permanence*. L'Assemblée Constituante, forte de cet ancien usage, y avait introduit *en permanence* les procureurs généraux syndics. La Convention *dite* nationale, le Directoire y avaient de même leurs agens *en permanence*; enfin, M. *Fiévée* nous apprend que les préfets de l'*usurpateur* s'y introduisirent. Le Roi a cru devoir consacrer par une ordonnance cet ancien usage de ses ayeux suivi par toutes les assemblées délibérantes, et l'on crie contre l'empiétement de l'autorité ministérielle sur les libertés; et c'est M. *Fiévée* qui jette les hauts cris!!! Que diront donc les révolutionnaires?

Nous ne ferons aucune observation sur le chapitre IV de M. *Fiévée*, dans lequel il traite des *Doctrines constitutionnelles*. Il se perd dans des raisonnemens si embrouillés, que nous ne l'y suivrons pas : ce sont des répétitions continuelles de ce qu'il a dit dans tous ses écrits.

Nous voilà au chapitre *cinq*, ayant pour titre : Ordonnance du *cinq septembre*.

Dans le cours de notre second volume, traitant de la session de 1815, nous avons démontré l'embarras dans lequel se trouvait le *Gouvernement* au milieu de deux majorités si opposées les unes aux autres, qu'il n'était plus possible de faire une loi. On doit se rappeler que le *budjet* fut voté à la Chambre des pairs sans discussion, et que le rapporteur appuya cette proposition sur l'indispensable nécessité *d'un budjet*; ce qui était une preuve que, s'il eût passé au creuset de la discussion, il aurait vraisemblablement été rejeté.

La Chambre des pairs, ou du moins la majorité, marchait la Charte en main; celle des députés, ou sa majorité, considérait que certains articles de cette Charte étant soumis à la révision, elle pouvait les interpréter; et, à l'aide de ces interprétations, elle se trouvait souvent en opposition avec ce régulateur de nos libertés : ces articles devaient être censés intacts, tant que le Roi n'en avait pas fait proposer la révision, en en présentant une nouvelle rédaction qui ne pouvait encore servir de base que lorsqu'elle aurait été adoptée par les deux Chambres. Le Gouvernement ne voulant point donner son approbation à des projets de loi qui n'étaient pas d'accord avec la Charte, les présentait à la discussion de la Chambre des pairs sans qu'ils fussent revêtus de la sanction; *le Roi* se réservant le droit de la donner après l'assentiment de cette Chambre.

Le Roi aurait pu retirer les projets de loi; mais il avait cru devoir donner cette preuve de confiance aux Chambres; on est certain que le Gouvernement a fait céder sa volonté particulière à l'opinion des deux Chambres, lorsqu'il y a eu accord entre elles.

Tout en étant persuadés qu'il fallait que le Roi prît une mesure décisive pour faire changer cette position, nous ne prévoyions pas l'ordonnance du 5 septembre, et nous avions terminé notre second volume en faisant sentir la nécessité d'un rapprochement : nous conjurions la minorité du Corps Législatif de se réunir aux deux autres branches du *pouvoir constitutionnel.* Nous parlions à la Chambre des députés, puisque seule elle était en opposition.

Quelques écrits, au nombre desquels nous mettons en première ligne la *prétendue* Histoire de la session de 1815, semblaient prouver l'impossibilité du rapprochement que nous désirions bien vivement. Cette position effrayante pour tous les amis de la paix, occupait tous les esprits, on parlait d'un changement de Ministère : il n'aurait pas changé les plans du Gouvernement.

Supposons encore qu'un nouveau Ministère, présentant au Roi la position du Royaume sous un autre point de vue que l'ancien, eût fait changer l'opinion de *Sa Majesté*, et adopter le système de la majorité de la Chambre des députés ; comment serait-on parvenu à produire le même effet sur la majorité de celle des pairs, qui avait adopté une marche contraire ?

Le Roi qui gouverne par lui-même, le Roi qui pèse tout dans sa haute sagesse, le Roi qui mériterait la couronne quand même elle ne lui appartiendrait pas par *droit de naissance*; ce Souverain, en un mot, que la postérité fera marcher de pair avec *Louis XII*, avec *Henri IV*, et qui de son vivant nous les fera oublier ; le Roi adopta le seul moyen qui présentait un heureux résultat : c'était un nouvel appel *à la Nation*, en lui déclarant qu'il voulait marcher avec la Charte, et que ce grand régulateur serait la seule boussole qui dirigerait la marche de son gouvernement. Sa Majesté rendit donc la fameuse ordonnance du 5 septembre.

Nous avons entendu des hommes, à la véracité desquels nous nous plaisons à rendre hommage, assurer qu'elle avait été considérée comme désastreuse dans certaines provinces, dans certaines villes. Ils l'*ont dit*, ils le *croyaient*; mais aussi nous leur répondrons que nous avons entendu déclarer par d'autres hommes aussi dignes de foi, que cette ordonnance avait été reçue, par la grande majorité des Français, comme un don précieux. Nous ajouterons que nous avons jugé par nous-mêmes qu'elle avait produit cet effet sur la presque généralité des habitans de la capitale.

Maintenant que nous avons dit ce que nous avons écrit, et ce que nous pensions, sur la position de la France à l'époque de l'ordonnance, et sur l'effet qui en était résulté, nous allons entendre parler M. *Fiévée* sur le même sujet.

Il commence le chapitre sur l'ordonnance, par un tableau, dans lequel il burine avec force et éloquence ce que furent la France et l'Europe pendant vingt-cinq années; comparant *l'usurpateur* à l'homme des vengeances de Dieu, auquel il avait donné assez d'ardeur pour qu'il pût se perdre lui-même : il dit « *que, dès que la main qui le poussait se* « *retira, les Rois se rapprochèrent*, et que, « réunis par des malheurs communs, ils « s'aperçurent enfin, et peut-être avec sur- « prise, que la stabilité de la civilisation est « toute entière dans l'union de ceux qui ont « intérêt de la maintenir. »

Ce tableau frappant et plein de vérités, quoique paraissant avoir très-peu de rapport avec l'ordonnance du 5 septembre, sert à amener l'éloge de la majorité de la Chambre de 1815. M. *Fiévée* la voit se réunir pour défendre les saines doctrines, *la Religion*, *le pouvoir*, *la liberté*, *la justice* et *la morale*. Il ajoute que « l'année de la dé-« livrance de l'Europe, les élections ont été « libres en France, les principes nécessaires « à la stabilité de la civilisation ont été « proclamés par la majorité des députés, et « la France a cru, pour la première fois, que « la révolution était terminée. »

Nous applaudirions avec M. *Fiévée* à l'éloge qu'il vient de faire, s'il ne séparait la majorité de la Chambre des députés, du Gouvernement, et de la presque généralité des membres des deux Chambres, qui d'un commun accord ont, en 1815 et 1816, proclamé toutes les saines doctrines dont il vient de parler.

Plus loin, après avoir montré la *justice politique* des membres de cette majorité, qui ont poussé la prudence jusqu'à s'interdire de réclamer en faveur des victimes, M. *Fiévée* prétend que les ennemis de cette majorité ont révélé qu'il ne suffisait pas qu'on respectât *les intérêts acquis de la révolution;* qu'ils exigeaient qu'on en respectât encore *les intérêts moraux :* c'est-à-dire, qu'on ne parlât ni de *religion*, ni de *légitimité*, ni de *justice*, ni de *fidélité*, parce que ces doctrines sont anti-révolutionnaires. « C'est pour cette « raison, ajoute cet auteur, que toutes les pas- « sions se sont soulevées pour obtenir que « cette Chambre fût dissoute. »

M. *Fiévée*, en parlant des ennemis de la majorité des députés de 1815, veut certainement citer *les Ministres*, *la majorité de la Chambre des pairs, et la minorité de celle des députés* de 1815. Nous commençons pour lors à croire que ce *frondeur* n'a lu que les discours auxquels il a eu quelque participation *, qu'il rappelle continuellement, et que tout ce qu'il dit sur les sessions hors de là, est de son imagination; car, nous qui non-seulement avons entendu, mais encore lu les discours des orateurs qui ont parlé en sens inverse de cette majorité, nous pou-

---

* Nous entendons par *participation*, non-seulement la *facture* de ces discours, mais encore les *corrections*, *les avis*, etc. etc. etc.

vons affirmer que rien de ce qu'il avance ne s'y trouve.

M. *Fiévée* accorde au Roi le droit de *casser* la Chambre des députés (personne, dit-il, ne le conteste), « et il pense que la cons-
« titution et l'avenir de la France auraient
« été affermis par l'exercice de ce droit : 1° si
« les élections étaient restées libres sous la
« balance des influences *morales* ; 2° si le
« nombre des députés n'avait pas été en
« même temps réduit. »

Nous ne suivrons pas M. *Fiévée* dans ses raisonnemens sur le nombre des députés; nous dirons seulement que, pour être conséquent avec l'ordonnance du 5 septembre, le Gouvernement devait le réduire à celui fixé par la Charte. Mais cet auteur semble contester au *Roi* le droit de changer, par une ordonnance, ce qu'il a fait par une autre ordonnance. Pour appuyer une opinion aussi erronée, il invoque les *libertés publiques*, et demande ce qu'elles deviendraient, si, lorsqu'elles sont en possession d'un droit, on pouvait le leur retirer *à volonté*. Nous pourrions opposer à son argument que cette possession, pour qu'elle pût devenir un droit, devrait se perdre dans la nuit des temps.

Nous avons entendu les *ultrà libéraux*, disputer au Souverain le droit de faire des ordonnances; mais nous ne nous serions jamais douté que M. *Fiévée* oserait mettre en *problème* si le Monarque pouvait changer ce qu'il avait fait, surtout lorsque ce salutaire changement avait pour but de rentrer dans la route tracée par la loi protectrice et fondamentale de l'État.

Nous voilà arrivés insensiblement aux deux points les plus délicats pour M. *Fiévée*, et nous ajouterons pour nous, puisque nos efforts tendent à faire connaître la vérité. Le premier est cette question : Les élections, en 1816, ont-elles été libres? M. *Fiévée* assure qu'elles ne l'ont pas été; nous disons, nous : Le Gouvernement a cherché à éclairer l'opinion publique sur le danger qui pouvait exister à nommer des hommes d'une opinion exagérée. Une circulaire, approuvée par le *Souverain*, a été répandue avec profusion; les agens du Gouvernement ont fait connaître le véritable esprit de cette circulaire; ensuite les *coteries* ont fait des listes, et chacun a appuyé la nomenclature de sa *coterie*. Cé qui est arrivé en 1816 vient d'arriver en 1817, et se répétera partout où il y aura élection; et partout on dira que les élections ont été libres. L'assertion contraire jetterait une grande défaveur sur les hommes qui composaient les colléges électoraux à cette époque. Cependant ceux qui soutiennent que ces élections n'ont pas été libres, ont fait un éloge, que nous croyons mérité, de la composition de ces mêmes colléges électoraux *, que quelques jours avant ils accusaient sans y réfléchir, de s'être laissés influencer.

M. *Fiévée* met en présence d'une circulaire approuvée par le Monarque, l'Ouvrage d'un royaliste, à la voix duquel les vrais royalistes devaient se réunir : cet Ouvrage était le *Point d'Unité* ....
Le *point d'unité* pour tout Français véritablement royaliste, est la voix de son Souverain ; nous n'en connaissons pas d'autre : hors de ce principe, il n'y a plus de royalisme !!!

Un Prince, dont les vrais royalistes ne méconnaîtront sans doute pas la voix (le Héros du midi), parcourt, dans le moment que nous écrivons, une partie du Royaume. Deux mots précieux sortent continuellement de sa bouche : *Union et oubli !!!* Il ajoute : *Réunis-*

* Dans la discussion sur les élections.

sez-vous tous aux intentions de votre Roi, à celles qu'il vous fait connaître par son Gouvernement. N'écoutez pas d'autre voix que celle-la.

M. *Fiévée* prétend qu'on se portait aux élections, en criant à *bas les prêtres*, à *bas les nobles*; nous aussi nous avions cru que ces cris séditieux avaient été proférés, et nous blâmions l'autorité de n'avoir pas poursuivi ceux qui avaient osé se permettre de telles vociférations : car c'est à un semblable signal que nous avons vu commencer les maux de la France. Mais, depuis ce temps, nous avons entendu un Ministre du Roi déclarer à la face de la France entière, qu'il n'avait aucune connaissance que ces cris coupables eussent été proférés, et inviter les députés qui les avaient entendus à vouloir bien lui faire connaître le lieu où ils l'avaient été. Personne *ne prit la parole*; ainsi M. *Fiévée* nous permettra de penser que c'est une pure calomnie.

M. *Fiévée*, en historien *véridique*, avance ce fait, auquel il ne doit plus croire, après un démenti aussi formel; mais il n'a peut-être pas lu ce discours de M. le comte *de Cazes*. Nous aurons occasion de revenir sur l'affectation que met notre *historien* à se refuser de faire mention des discours de ce Ministre, qui feront époque dans l'historique vrai de la session de 1816.

Le second point délicat pour M. *Fiévée*, est l'ouvrage intitulé *la Monarchie selon la Charte*. C'est à regret que nous avons déjà parlé de cet Ouvrage, que nous considérons comme un des plus pernicieux qui aient été publiés depuis la restauration ; nous dirons plus : c'est lui qui a ouvert la lice, et ensuite nous avons vu paraître ceux de MM. *Rioust*, *Chevalier*, *Comte* et *Dunoyer*, etc. etc....

Loin de nous de vouloir supposer de mauvaises intentions à l'auteur de cet Ouvrage! Nous le considérons comme entièrement dévoué à *la légitimité* : ses écrits de 1814 sont toujours présens à notre mémoire ; à cette époque, il n'était pas sourd à la voix de son Roi, il la corroborait de tous ses moyens. Il n'interprétait pas la volonté personnelle de son Souverain : pourquoi, depuis ce moment, a-t-il *voulu la forcer*, en cherchant à entraîner à lui l'opinion publique? La noblesse bretonne était bien dévouée à la monarchie en 1787, 1788 et 1789 ; que de maux ne sont-ils pas résultés des malheureuses suites de son opposition contre les plans conçus dans les conseils du meilleur et du plus juste des Rois? plans qui avaient reçu la sanction de ce Monarque. Cette opposition donna de la force aux factieux, en leur traçant la conduite qu'ils devaient tenir.

L'Ouvrage de M. le *vicomte de Châteaubriand* était sous presse lorsque l'ordonnance du 5 septembre parut. Ainsi, il n'avait pas été fait pour les circonstances. Il avait été écrit pour la Chambre qui venait d'être dissoute. L'auteur y ajouta un *postcriptum*: avec cet auxiliaire, lui et ses adhérens, en le publiant avec profusion, espéraient détruire l'heureux effet que le Roi attendait de cette dissolution.

Dans ce *postscriptum* on disait aux Français: « L'ordonnance n'est point l'ouvrage du « Roi, c'est celui des Ministres; ainsi ne croyez « pas ceux qui vous parleront en son nom, etc.» Le *Roi* crut devoir faire connaître à ses peuples quelles avaient été ses intentions, le mécontentement qu'il éprouvait. L'ordonnance *

* Par déférence pour M. le *vicomte de Châteaubriand*, nous n'avons pas voulu insérer dans notre Ouvrage cette ordonnance. M. *Fiévée*, comme histo-

qui rayait M. le vicomte *de Châteaubriand* du nombre de ses Ministres d'Etat parut ; de plus, *Sa Majesté* donna son approbation à la circulaire publiée par un de ses Ministres, circulaire dont nous avons parlé, et qui faisait connaître les intentions non équivoques du Monarque.

Nous venons d'avancer que l'Ouvrage de M. le vicomte *de Châteaubriand* avait ouvert la lice aux orateurs que nous avons cités *. Nous dirons plus, ils ont prôné et donné

---

rien, nous dit qu'il a cru devoir la donner. Nous pensons qu'il a consulté son noble ami..... Que de réflexions n'aurions-nous pas à faire !....

* Si nous avançons ce fait, c'est que, pendant les longs plaidoyers auxquels leurs ouvrages ont donné lieu, nous avons souvent entendu mettre l'écrit de M. de *Châteaubriand* en parallèle avec les leurs, et avancer qu'il renfermait autant de doctrines contraires à la Charte, et au moins aussi libérales que celles qu'ils avaient émises, et on se demandait si le titre de pair conférait le droit de tout dire. Les personnes raisonnables répondaient à la tribune de sa Chambre : Un pair qui écrit, rentre dans la *meute des écrivains salariés* (*expression* de M. *Fiévée*) *ou non salariés*, seulement il ne peut être jugé que par ses pairs.

leur assentiment à cet écrit ; MM. *Comte* et *Dunoyer* ont été jusqu'à dire que certains principes émis étaient par *trop libéraux* : celui de donner l'initiative de la loi aux Chambres, nous paraît un des plus dangereux ; nous avons été étonnés de le voir mettre en avant par un royaliste aussi prononcé. Comment ne se rappelait-il pas que le *veto* fut une arme meurtrière que les factieux dirigèrent contre *l'auguste Victime* qu'ils ont immolée ? Si l'on ôte à l'autorité royale la proposition de la loi, que lui reste-t-il ? La sanction, arme dont on pourrait se servir contre elle avec un succès peut-être plus certain qu'à cette époque, puisque les Ministres auraient pris part à la discussion ; pour lors, le Roi refusant le *veto* à une loi, on montrerait au peuple ce refus comme une opposition aux désirs de la nation, et tout le blâme en retomberait sur lui.

Souvent on nous a entendu dire, dans le cours de nos Ouvrages, que peut-être il serait nécessaire qu'il y eût en France au moins deux constitutions adaptées aux caractères, mœurs et usages des habitans. Nous semblions en proposer une pour les peuples d'en deçà de la *Loire*, l'autre pour ceux *d'au-delà*.

Plus nous lisons l'Ouvrage de *la Monarchie selon la Charte*, plus nous pensons que son auteur a voulu présenter l'idée d'une seconde constitution, à l'aide de laquelle un génie *vaste*, *profond*, *ambitieux*, un orateur *éloquent*, *hardi*, *véhément*, enfin, un second *Mirabeau* (de malheureuse mémoire), pourrait, par la conception de nouvelles propositions de loi, faire trembler son Roi, bouleverser ses Etats, ou forcerait le Souverain, pour acheter son silence, à le mettre à la tête de son Conseil.

Toutes ces idées nous ont été suggérées par la première lecture de cet Ouvrage : nous pensions qu'il pourrait être déféré, soit aux *tribunaux*, soit à la cour des *pairs*, et nous nous étions interdit toutes réflexions. Pourquoi M. *Fiévée* nous a-t-il forcés de parler ?....

Nous ne cesserons de répéter que nous n'accusons pas les intentions de M. le vicomte *de Châteaubriand*; mais qu'il nous permette de croire qu'il n'avait pas assez mûri ses idées avant de prendre la plume, et qu'il s'était laissé aller trop facilement au brillant de son imagination.

Le chapitre VI de l'Histoire de la session de 1816 est intitulé. *Ouverture de la ses-*

sion. On lit une trentaine de pages de ce chapitre avant de se douter que *le Roi* ouvrira la session ; à la fin, l'auteur donne le discours de *Sa Majesté*, et ajoute des réflexions qui lui semblent de la plus haute importance sur le nombre des membres qui vont recevoir le Roi (douze *pairs* et vingt-cinq *députés*). Nous n'aurions jamais pensé que cet état numérique méritât la moindre remarque ; mais rien n'est indifférent aux grands génies, aux profonds politiques. Nous abandonnons à M. *Fiévée* ses raisonnemens à ce sujet ; cependant une chose nous a frappés à la première lecture de ce chapitre, c'est, à la page 137, la phrase qui commence par Louis XVI, etc.... Que M. *Fiévée* nous permette de lui dire que, s'il a voulu faire un rapprochement...., il est au moins déplacé.

Le septième chapitre est intitulé : Pétition de *la demoiselle Antoinette Robert*. Nous dirons que M. *Fiévée* a rendu avec une exactitude apparente la discussion qui a eu lieu au sujet de cette pétition. Il est seulement aisé d'apercevoir qu'il est enclin à accuser le Ministre dénoncé, à faire ressortir les discours de la minorité, et à tourner en ridicule ceux prononcés par la majorité. Nous,

nous sommes accusés de faire le contraire. Nous attestons que nous n'avons pris d'autres documens que dans nos notes particulières, que nous avons rectifiées à l'aide du Moniteur.

C'est dans cette discussion que nous allons prouver à nos lecteurs notre impartialité et celle de M. *Fiévée*. Il cite une phrase du discours de M. *Jacquinot de Pampelune*, et lui fait proférer ces paroles : *Demanderait-on compte aux Ministres de la guerre et de l'intérieur, de la destitution supposée* injuste d'un général ou d'un préfet ? Peut-on demander compte au Ministre de la police d'une mesure de police ? M. *Fiévée* dit : « Ainsi « tous les Français sont à la disposition d'un « Ministre de la police, comme tous les mi- « litaires sont à la disposition d'un Ministre « de la guerre, comme les préfets sont à la « disposition d'un Ministre de l'intérieur. » Peut-on bénévolement faire dire une semblable ineptie à un député ?

Nous prions ceux qui nous liront, d'ouvrir le Moniteur du 30 novembre 1816. Ils y trouveront la phrase citée, qui est conçue en ces termes : *Le Roi nomme et destitue les officiers de l'armée. Que diriez-vous d'un officier qui réclamerait auprès de vous contre sa destiution? Que diriez-vous d'un fonctionnaire, d'un employé dans la même situation? J'atteste à cet égard les nombreux ordres du jour que vous avez prononcés.*

M. *Jacquinot de Pampelune* n'a jamais discuté, dans le cours de son discours, si l'arrestation des sieurs Robert était juste ou injuste : il a simplement soutenu que la chambre n'avait pas le droit d'en connaître; que le Ministre n'avait de compte à rendre qu'au *Roi seul*, parce qu'il n'avait fait que ce que la loi lui permettait defaire. Voilà où se reporte la comparaison qu'il a mise en avant.

Nous demandons au lecteur la permission de lui répéter *mot pour mot* notre analyse de ce discours.

M. *Jacquinot de Pampelune* demande « pourquoi c'est presqu'à l'expiration de la « loi de sûreté que l'on s'aperçoit qu'elle peut « prêter à l'arbitraire, et il interpelle ceux « qui s'élèvent aussi fortement contre la loi « de déclarer si c'est bien le zèle de la li- « berté individuelle qui leur inspire le vif « intérêt qu'ils manifestent (*ces expressions*

« *font murmurer*). » L'orateur continue, et soutient que « les Ministres ne doivent « compte de leur conduite *qu'au Roi seul*, « qui les charge de faire exécuter la loi, « et que si un Ministre, qui aurait agi dans « le cercle des pouvoirs qui lui sont con- « fiés, pouvait être continuellement censuré « par les Chambres, les Ministres ne se- « raient plus que ceux des Chambres, et « l'autorité du Roi serait nulle. On se plaint « d'un *journal supprimé*. Qui pourrait avan- « cer en principe que celui qui a le droit « de permettre, ne peut pas retirer sa per- « mission ? Le Roi a ce droit ; il l'a confié « au Ministre, qui ne doit rendre compte « qu'au Roi seul des raisons qui l'ont porté à « la retirer. »

M. *Jacquinot de Pampelune* termine en disant « que les temps ne sont plus où des « assemblées délibérantes mandaient à leur « barre les Ministres du Roi, et que le jour « où ces Ministres eurent la condescendance, « la faiblesse d'y paraître, la royauté fut « perdue, et un abîme de maux s'ouvrit « pour la France. Espérons, continue-t-il, « que pour nous, aux yeux de qui les « *Bourbons* et leur autorité légitime sont ce

« qu'il y a de plus cher au monde, l'expé-
« rience du passé ne sera pas perdue, et
« que nous respecterons constamment les li-
« mites du pouvoir constitutionnel. »

En donnant cette analyse, nous avons voulu prouver aux lecteurs notre impartialié : qu'ils prennent le Moniteur, et ils n'en douteront plus.

Dans cette discussion, qui fut remarquable, M. *Lainé* prit la parole, non comme *Ministre*, ce qu'il annonça en montant à la tribune. Le premier, il soutint que les Ministres ne devaient compte de leur conduite qu'au Roi seul, et que la marche que devait tenir la Chambre était de présenter une *humble adresse à Sa Majesté.*

M. *Fiévée* établit une discussion, et dit
« que la Chambre peut déclarer qu'elle *fait*
« *une humble adresse au Roi*, parce qu'il
« n'est pas de pouvoir qui ne s'élève en ho-
« norant le pouvoir royal ; mais il doute
« qu'un Ministre puisse dire à la Chambre
« qu'elle fera une humble adresse au Roi. »
M. *Fiévée* oublie qu'il vient d'annoncer que M. *Lainé* n'avait pas pris la parole comme *Ministre* : dans presque tous les faits, il est aussi conséquent.

En rendant compte de la scène scandaleuse qui avait eu lieu à la séance du 28 *novembre*, nous avons soutenu que les bons Français, les amis de la paix et de la tranquillité, les amis de *l'union* avaient redouté une *scission*. M. *Fiévée* avoue qu'on en avait répandu la nouvelle ; mais il dit qu'il est permis de douter que ce projet ait jamais été conçu : nous croyons qu'il ne l'a pas été par les députés ; mais les *brouillons politiques* l'annonçaient comme chose certaine.

Qui lira notre analyse de l'opinion de M. *Piet*, et le compte qu'en rend M. *Fiévée*, ne pourra supposer que nous parlons du même discours ; aussi avons-nous consulté le *Moniteur du* 1er *décembre*. Nous affirmons que notre analyse est correcte. M. *Piet* improvisa sur des notes. A-t-il communiqué à M. *Fiévée* un discours différent de celui qui est relaté dans le Moniteur *, et le même que nous avons cru entendre ?

---

* Si nous avons pris le Moniteur pour guide dans nos analyses, c'est que nous avons toujours entendu dire aux députés de la Chambre qui accusaient les journaux, qu'il était le plus exact et le plus impartial. (Il est sans couleur.)

Nous n'entrerons pas dans d'autres détails sur cette discussion, qui sera mémorable dans l'historique de cette session; nous renvoyons au troisième volume de nos Annales, où elle est consignée avec exactitude.

Avant d'ouvrir cette discussion, M. *Fiévée* a présenté quelques idées générales sur le droit de pétition; il s'est demandé si elles devaient être *collectives*. Nous avouerons que souvent la même réflexion a occupé notre esprit, peut-être ne serait-elle pas indifférente pour *les légistes*. On doit se ressouvenir du mal qui en est résulté : on a commencé par faire des pétitions *individuelles*, on a fini par en faire au nom des *villes*, des *provinces*, presque de la France entière, lorsque l'on faisait parler tous les *clubs* des jacobins.

A propos de *clubs*, M. *Fiévée* appelle encore l'attention sur une pétition du *Cercle de la Fidélité*, *de Marseille*; il demande ce que c'est qu'un *cercle*, et si la pureté de ses sentimens indiqués par le titre qu'il porte, suffit pour lui donner le droit de faire une pétition *collective*. Un *cercle* ou un *club* lui paraît synonyme; il y a eu de *bons clubs*, ajoute-t-il; mais, bons ou mauvais, ils ne doivent avoir rien à démêler avec les pouvoirs.

Nous partagerions entièrement l'opinion de M. *Fiévée*, s'il n'admettait qu'il a existé de bons *clubs*. Il peut y en avoir eu de moins mauvais les uns que les autres ; mais nous considérons tous rassemblemens et associations secrets comme dangereux, et nous disons que, dans le cours de la révolution, *tous les clubs* l'ont été, parce que c'était dans ces réunions que se formaient les partis.

Le chapitre *VIII*, intitulé *Loi sur les Élections*, nous fait apercevoir que M. *Fiévée* a interverti l'ordre des discussions, ou qu'il a laissé de côté une loi, celle qui *autorise les établissemens ecclésiastiques à recevoir par donation* et à pouvoir *acquérir:* il n'en parle à la fin de son Ouvrage que comme mémorial; nous croyons que ce n'est pas sans raison qu'il a éludé d'entrer dans la discussion de cette loi. Il serait pour lui bien difficile de la faire accorder avec ce qu'il a dit dans son chapitre sur l'ordonnance du 5 *septembre*, dans lequel il présente les ennemis de la majorité de 1815, c'est-à-dire le Gouvernement et les *majorités actuelles des deux Chambres* (nous ne pouvons en supposer d'autres); il les présente comme voulant que l'on respecte les *intérêts moraux de la révolution*; c'est-à-dire, selon lui, que l'on ne parle ni *de religion*, ni *de légitimité*, ni *de justice*, etc.... Nous lui avons déjà présenté les Ministres du Roi faisant de la légitimité la base fondamentale du bonheur et de la tranquillité des Etats. Cette discussion lui aurait démontré que ces *mêmes Ministres et ces majorités des deux Chambres* considéraient la Religion comme le soutien le plus puissant des Etats. Soyez donc historien, M. *Fiévée*, puisque vous en prenez le titre, et ne déshonorez pas le siècle de *Louis XVIII* par des suppositions qui ne prennent leur source que dans votre désespoir de ne pas faire partie de cette meute d'écrivains salariés, quand ce ne serait qu'en qualité de *sous-secrétaire-d'Etat*.

Nous allons présenter nos réflexions sur la loi dont nous venons de parler; le lecteur se convaincra de la vérité impartiale qui anime les pensées de ceux que M. *Fiévée* dépeint sous des couleurs si défavorables. *

---

* Si cet Ouvrage est lu par ceux qui nous accusent d'avoir, dans nos *Annales*, défiguré les discours des

On trouvera ce qui suit aux pages 174 et 175 du troisième volume de nos *Annales historiques*, traitant de la session de 1816.

La discussion de la loi qui autorise les établissemens ecclésiastiques à recevoir, etc., a été d'un haut intérêt. « On a vu l'accord « unanime des trois branches du Corps Légis- « latif pour faire refleurir la Religion de « l'État, venir au secours du clergé, et re- « donner enfin à l'Église une partie de son « ancienne splendeur, sans que ses ministres « puissent redevenir ce même corps politique « qui, autrefois armé des foudres du Va- « tican, faisait trembler les Souverains sur « leur trône. Ils seront ce qu'ils doivent être, « le refuge et les consolateurs des malheu- « reux; ils seront chéris et respectés, sans « être craints et redoutés.

« Tel est l'esprit qui nous a paru animer « les orateurs qui ont parlé dans cette discus- « sion, et en général de tous les membres

---

orateurs qui ne partageaient pas en tout les *opinions du Ministère*, nous les prions de lire l'analyse de ceux prononcés dans cette discussion (par MM. de *Marcellus* et *Robert de Maccarthy*). Nous osons croire que ces *preux* nous rendront justice.

« des deux Chambres. S'il y eut un opposant « à la loi *, ce ne fut que parce qu'il se « créait des craintes chimériques, impossibles « d'après la Charte et l'esprit du siècle; et « nous osons dire aux desservans des autels « que, s'ils veulent regagner l'empire vrai « et réel qu'ils doivent avoir, ils ne pourront « parvenir à ce but qu'en se maintenant dans « les justes bornes de leurs devoirs, dont toute « l'étendue consiste à se montrer les vrais ser- « viteurs de Dieu, sans chercher à avoir un « pouvoir hors de l'enceinte du temple, de- « voirs qui leur ont été si bien tracés par les « orateurs qui ont parlé dans cette discus- « sion... »

Nous allons reprendre la discussion de la loi sur les élections, et donner notre manière de voir avant celle de M. *Fiévée*. Nous dirons d'abord que nous aurions désiré deux degrés d'élection, pris parmi ceux payant au moins trois cents francs *d'imposition*, et âgés de trente ans; nous pensions que ce mode ne dérogeait pas à la Charte. C'est dans l'intérêt du Gouvernement que nous l'avions adopté, croyant que, par ce moyen, il serait plus fa-

---

* M. *Voyer d'Argenson*.

cile d'éloigner les *intrigans* et les *ambitieux*. Nous n'aurions pas pris pour base du premier ou du second degré d'élection, la fortune, mais l'âge (*), rentrant par là plus dans l'esprit de la Charte. La loi existe ainsi : c'est d'elle que nous allons nous occuper.

Ceux qui ont lu nos Ouvrages, ont vu que nous ne sommes pas d'avis que l'on cite continuellement les usages des peuples voisins pour établir les bases de *nos libertés*. Nous pensons, comme M. *Fiévée*, que le trop d'érudition de quelques orateurs a nui au développement de la discussion. Quel est le peuple qui a passé, dans aussi peu de temps, par autant de modes de gouvernemens que nous? et certainement nous n'avons pas besoin de chercher des exemples chez les autres.

Arrivons à M. *Fiévée*, abondant dans le sens de ceux avec lesquels il n'a pas l'honneur de voter (mais bien de travailler). Il voudrait que l'on n'eût pas donné le nom de colléges électoraux à des rassemblemens ; il préférerait celui d'*armée électorale*, que leur a donné en plaisantant M. *de Caumont*. Comme ses amis,

---

* Si on croyait par la suite apporter quelques changemens à cette loi, nous développerions notre projet.

il montre son étonnement de ne rien retrouver du projet présenté à la dernière session, par le Gouvernement : il oublie, comme l'ont fait les orateurs qu'il cite avec complaisance, que la position est totalement changée depuis l'ordonnance du 5 septembre, et que la Charte avait dû être le seul guide des rédacteurs du projet de loi. On peut répondre de même à l'éloge qu'il fait du discours de M. *Cardonnel*, qui avait mis en opposition ses adversaires de 1815 avec ceux de 1816, parlant sur la même question ; manière assez ingénieuse de les combattre, si la position n'avait pas changé de face. Nous dirons, de plus, que M. *Cardonnel* * ne fut point exact dans ses citations. Il fut obligé lui-même de convenir des erreurs qu'il avait commises. M. *Fiévée* ne nous en parle pas ; ne lui en voulons pas : c'est sa manière décrire l'histoire.

M. *Fiévée* cite un discours de M. *dè Cotton*, discours dont nous n'avons pas parlé, parce que nous ne le connaissions pas : il n'a pas été prononcé. M. *de Cotton* l'aura cer-

---

* M. *Lainé* prouve que son opinion, imprimée et distribuée pendant la session de 1815, était concordante avec les principes de ses opinions actuelles.

tainement fait imprimer : il n'est pas parvenu jusqu'à nous ; mais nous n'en aurions pas fait mention, nous étant fait une loi de ne citer que les opinions émises à la tribune. D'après les citations de M. *Fiévée*, ce discours nous paraît renfermer les idées les plus raisonnables.

Depuis cette époque, M. *de Cotton* a été nommé par *S. M.* (et sur la présentation de M. *Lainé*), préfet du département de Vaucluse : ce qui prouve que le Souverain sait récompenser le mérite, même dans ceux qui discutent les opinions du Gouvernement ; et que le Ministre qui l'a proposé n'a vu dans son adversaire qu'un homme sage qui voulait éclairer la discussion.

A la page 241 de l'Histoire de la session de 1816, M. *Fiévée* nous fait un aveu précieux : il dit « qu'il a écrit l'Histoire des sessions de « 1815 et 1816, en citant continuellement « des opinions qu'il appèle *siennes*. » Nous n'avions pas besoin qu'il nous le dît : nous nous en doutions ; mais cette manière d'écrire l'histoire nous paraît si nouvelle, que nous ne pouvons la comprendre.

Cette loi trouva une opposition au moins aussi prononcée à la Chambre des pairs, qu'à celle des députés; la discussion en fut beaucoup plus sage : les pairs qui la combattirent ne proposaient qu'en tremblant les assemblées primaires pour la formation des colléges électoraux, sentant que cette proposition détruisait tous les raisonnemens mis en avant contre le danger de réunir dans le même instant et dans les mêmes villes, dix mille personnes, propriétaires, ou faisant un commerce considérable, puisque pour remède on proposait d'en réunir au moins *cent mille*. Il nous a semblé voir un homme qui, dans la crainte de la petite vérole, fuit un pays où elle existe, pour aller en habiter un où la peste fait son ravage.

M. *Fiévée* revient toujours à son système, qui est d'écrire l'histoire avec les opinions qu'il appelle *siennes ;* aussi ne cite-t-il que celles émises contre le projet.

Le discours auquel M. *Fiévée* semble attacher le plus d'importance, est celui prononcé à la Chambre des pairs, par M. le duc de *Fitz-James*. Et nous aussi nous l'avons considéré comme l'un des plus éloquens, et nous avons cité avec plaisir le même passage que l'*auteur de l'Histoire de la session de* 1815.

Nous demandons au lecteur la permission de lui remettre sous les yeux l'extrait de ce passage *. Il prouvera peut-être notre impartialité; mais nous avons mis la réponse du Ministre de l'interieur, *ce que n'a pas fait* M. *Fiévée.*

M. le duc de *Fitz-James* s'exprime en ces termes : « Les défenseurs du projet de loi, et « particulièrement le Ministre du Roi, es-« pèrent que les choix tomberont toujours « sur des sujets qui les auront mérités par « *leurs vertus*, leurs talens. »

Le noble pair, après avoir cherché vainement des exemples dans les temps anciens et modernes, ajoute « que lorsque le Ministre « éloquent de *Sa Majesté*, M. *Lainé*, présenta « pour la première fois, dans la Chambre des « députés, cet espoir, qui du moins *honore* « *son cœur*, si, à ce moment, les portes de la « salle se fussent ouvertes, et lui eussent of-« fert en perspective la place fatale où se con-

* Nous prions le lecteur de lire l'analyse entière que nous donnons de ce discours ; elle se trouve aux pages 334, 335 et 336 du troisième volume de nos *Annales*, traitant de la session de 1816. A la suite on trouvera la réponse de M. *Lainé.*

« somma *le plus affreux des crimes*, quel « effroi n'aurait pas saisi son âme? Ramené « par de soudaines réflexions à une opinion « plus conforme à l'expérience, éclairé par « le flambeau de la vérité, n'eût-il pas cru « voir écrit en lettres de sang sur le pavé de « cette place : *Ce n'est pas ici-bas que la* « *vertu trouve sa récompense*.......... »

Comme nous avons accusé souvent monsieur *Fiévée* d'inexactitude, il faut au moins lui rendre la justice qui lui est due: il en a mis beaucoup en donnant le résultat des scrutins qui ont eu lieu dans les Chambres; serait-ce pour faire remarquer à ses lecteurs que cette loi fut adoptée à une faible majorité? ....

Le chapitre IX de l'ouvrage de M. *Fiévée* est intitulé : *Loi relative à la liberté individuelle, ou sur la liberté individuelle; ou contre la liberté individuelle*. Les trois manières dont cet auteur spirituel présente un semblable titre, viennent de ce que M. *de Serre*, rapporteur, l'a appelé un projet *relatif* à la liberté; le Ministre, *sur* la liberté; et les opposans, *contre* la liberté. Tout en avouant que la dénomination lui est indifférente, M. *Fiévée* adopte comme *sienne* celle des opposans. Il s'appuie sur ce que la liberté de l'homme « étant un don qu'il a reçu de « son Créateur, la législation de circons- « tances ne s'en occupe jamais que d'une « manière hostile. »

Nous pensons qu'il serait possible d'admettre indifféremment une des trois dénominations : cela nous paraît à nous de si peu d'importance, que nous ne nous en occupons pas ; mais les grands génies trouvent de l'importance à tout. Nous ne nous arrêterons pas à ce que dit M. *Fiévée* sur cette discussion. Il blâme le Ministre, on doit s'en douter : il parle le moins qu'il peut de la nécessité de la loi, disserte et attaque l'exposé du Ministre ; mais il garde le plus profond silence sur les discours qu'il a prononcés dans le cours de la discussion ; discours qui nous ont paru du plus haut intérêt, surtout pour cet *historien véridique*, puisque ce Ministre a rendu compte de beaucoup de faits sur lesquels on n'avait que de fausses notions. Celui que M. le comte de *Cazes* prononça à la Chambre des députés au moment de la clôture de la discussion, produisit sur l'auditoire un effet difficile à exprimer. M. *Fiévée* n'en dit pas un mot ; ce silence nous paraît tout naturel : les opinions de ce Ministre ne sont pas *siennes* à cet auteur, et nous devons nous ressouvenir qu'il n'écrit l'histoire qu'avec *elles.*

M. le prince de *Talleyrand* avait proposé de suspendre toute discussion sur la liberté individuelle, jusqu'à ce que la Chambre des députés eût prononcé pour ou contre la liberté de la presse. M. *Fiévée* prétend « que « cette proposition était *d'une politique trop* « *profonde*, pour obtenir, à la Chambre des « pairs, la majorité des voix. »

Cette réflexion nous semble un peu trop *inconsidérée*, si nous ne disons pas très-*déplacée* pour *la Chambre des pairs ;* et si un écrivain se permet d'accuser la Chambre des députés de 1815, seulement d'un esprit d'exagération, ou d'avoir mal connu la situation de la France, on crie sur-le-champ à l'anathème. Il faut absolument penser comme nous et les nôtres.... Il est impossible de pousser le despotisme d'opinion plus loin que ne le font certaines personnes. A les entendre, il n'y a, il ne peut y avoir de bons ouvrages que les leurs ; hors de leurs principes, il n'y a pas de salut à espérer pour la France, etc.....

Cette loi est sur le point d'expirer ; et nous osons croire que son utilité doit avoir été reconnue par ceux-mêmes qui l'ont combattue avec le plus de chaleur. Les événemens qui ont eu lieu auront pu en rendre l'application indispensable ; mais nous présumons que les cas en ont été rares : espérons que la situation de la France ne mettra pas le Gouvernement dans la nécessité d'en demander le renouvellement. Cependant, si des circonstances imprévues et impérieuses le forçaient à prendre cette grande mesure, que les membres des Chambres se rappellent que c'est au nom du Monarque que cette demande serait faite, et que, bien certainement, le Roi législateur qui a donné la Charte à son peuple, ne consent à le priver de la partie de ses droits les plus sacrés, que lorsque la tranquillité de son Royaume est compromise, et que c'est indispensable pour la sûreté du trône et pour l'intérêt de tous.

En 1814, la minorité de la Chambre des députés s'opposait au projet de loi sur la *liberté de la presse*, comme contraire à ce droit ; mais elle disait aux Ministres « que le Souverain en demande la suspension pour un certain temps ; cette marche sera franche, et on ne balancera pas à la lui accorder. » On sait quels hommes dirigeaient cette minorité; et ce serait à vous, qui ne séparâtes jamais vos intérêts de ceux de vos Rois, qu'ils formeraient la même demande! et ils n'obtiendraient pas une semblable réponse!.....

A peu près à l'époque où le Roi faisait demander aux Chambres la suspension momentanée de la liberté individuelle, le *Ministère anglais* obtenait du Parlement une semblable mesure sur un simple exposé des Ministres, et sans enquête préalable.

On a avancé dans cette discussion que la loi nouvelle prêtait plus à l'arbitraire que celle de 1815. Nos conceptions ne vont pas jusque-là; ce paradoxe ne nous paraît pas soutenable. Elle nous semble, au contraire, assurer aux Français autant de sécurité qu'une loi d'exception peut en comporter; et certainement le citoyen paisible et tranquille qui ne veut que ce que son Roi veut lui-même, et rien de plus, ne redoute pas les effets de cette loi.

M. *Fiévée* a introduit dans son Histoire de la session de 1815, un colloque avec son cocher. Qu'il nous soit permis de donner le résultat d'un entretien que nous avons eu nous-mêmes avec un de ces hommes qui épouvantèrent le monde par leurs principes dangereux; qui les soutient encore faiblement par cette fausse honte que l'on a à ne pas avouer ses torts, et par ce qu'il en coûte de convenir que l'on a écrit des milliers de feuilles contenant des théories plus fausses les unes que les autres; enfin cet homme fut forcé d'avouer que, « depuis *trente années*, il cherchait la vraie liberté, et qu'il ne l'avait trouvée que sous le gouvernement de Louis XVIII..... que les lois de circonstances l'avaient inquiété en 1815, parce que celle du 29 octobre prêtait à l'arbitraire, l'exécution en étant confiée à trop de personnes, et que l'on pouvait redouter les vengeances particulières; mais qu'il ne redoutait rien de celle du 9 février dernier; qu'il était certain qu'elle n'atteindrait que des perturbateurs du repos public; qu'elle comportait autant d'assurance que l'on pouvait en désirer d'une *loi d'exception :* il la considérait comme nécessaire. »

Cet homme, sans être dans la décrépitude, arrive à l'âge où l'on aime la tranquillité et le repos; il nous ajoutait « qu'il soutiendrait de tous ses moyens le gouvernement de la famille *des Bourbons*, parce qu'il existe; mais il voudrait seulement que les Rois, tout en reconnaissant tenir leurs couronnes de la toute-puissance de Dieu, voulussent aussi la tenir du *choix des peuples*. Sur ce que nous lui fîmes observer que ce serait reconnaître tacitement le droit d'élection, et que ce consentement attaquait la légitimité, il parut être de notre avis. Cet homme aime le Roi *. »

Il nous ajoutait : « Avec un prince d'un caractère moins ferme, je tremblerais pour la France. La tribune n'est pas faite pour le naturel français ; l'opposition que l'on voudrait établir, comme en Angleterre, me paraît impossible : c'est un système qui ne sert que l'*ambition*, et qui peut faire bien du mal, parce que cette opposition renferme toujours des hommes qui la dirigent. » Il assurait « que

---

* Nous avons vu cet homme, que nous voudrions pouvoir nommer, être désespéré à la journée du 20 *mars* : oubliant qu'il était un de ceux qui avaient le plus contribué à la journée du 14 *juillet*, il disait qu'après celle-ci, la journée du 20 *mars* était la plus désastreuse pour la France. Cet homme, devenu *aussi royaliste qu'il peut l'être*, assurait que c'était le Roi seul qui avait fait en lui cette conversion *étonnante*. « Tous mes principes, ajoutait-il, ont fléchi et disparu devant la *haute sagesse de ce Prince*. »

si le *Roi* changeait un Ministère à la volonté de l'opposition, les partisans de ce Ministère en formeraient une nouvelle; que ces changemens continuels donneraient bien de la force aux ennemis du Roi. »

Nous nous arrêtons là; nous reviendrons sur ce colloque dans le prochain chapitre : il a eu lieu pendant les dernières élections; les réflexions de cet homme sur ce qui se passait à cette époque, y trouveront leur place.

Nous voilà au chapitre X de l'ouvrage de M. *Fiévée*; il a pour titre : *Discussion sur la liberté de la presse, et loi relative aux journaux*. Nous commencerons par une remarque; c'est que cet auteur, en écrivant, se met toujours en jeu. Dans l'Histoire de la session de 1815, il nous a appris qu'il avait *un cocher* et *un équipage*; dans ce chapitre, il se livre à une très-longue digression pour prouver que la librairie devrait être dans les attributions d'un autre ministère que celui de la Police; il trouve que c'est humilier la faculté de penser, que de soumettre la direction de l'opinion publique à cette autorité. C'est la suite de cette dégradation qui, selon M. *Fiévée*, fait dépendre des tribunaux de police correctionnelle le sort des ouvrages. Enfin, il assure qu'il faudrait que cette direction fût confiée au secrétaire d'État chargé du ministère de la justice, et que cela existait avant la révolution. Nous pourrions lui dire qu'à cette époque, il n'y avait pas de Ministère de la police ; mais nous pensons qu'une grande partie de la surveillance sur les livres dangereux était confiée au lieutenant-général de police.

Cette digression a amené M. *Fiévée* à nous faire savoir dans une note : « qu'il a toujours « existé une espèce de querelle entre M. *Fou-* « *ché* et lui, et que son plus grand triomphe « est d'avoir fait comprendre un moment à « un homme comme *Bonaparte* *, que l'hu- « miliation des esprits était une cause irrésis- « tible de la perte du pouvoir. » Puisque M. *Fiévée* parvenait à faire comprendre quelque

* Dans le nombre des ouvrages annoncés par M. *Fiévée*, nous croyons qu'il a parlé de sa *Correspondance* avec *Bonaparte*. Il sera curieux de juger si, par ses conseils, il a cherché à le maintenir dans son *usurpation*, ou si, en bon *royaliste* et en ami de son pays, il a employé ses efforts à lui persuader qu'il devait préférer le rôle de *Monck* à celui de *Cromwel* : que d'obligation la France aurait eue alors à M. *Fiévée* ! ! ! . . . . . .

chose à l'*usurpateur*, nous venons de dire ce que nous aurions voulu qu'il lui fît comprendre, au lieu de chercher à le raffermir dans sa puissance.

Nous ne suivrons pas M. *Fiévée* dans son opinion sur les projets de loi concernant la liberté de la presse et celle des journaux. Nous le combattons comme *historien*. Il n'a pas rempli, en écrivant, la tâche qui lui était imposée. Il a fait des Ministres presque muets, en ne donnant pas leurs discours, discours si utiles pour l'Histoire des sessions du Corps Législatif. Nous ne parlerons plus de son Ouvrage ; il peut renfermer des réflexions utiles pour celui qui s'occupe de la politique, mais il est rempli de faits qu'il avance comme exacts, et qui ont été formellement démentis. M. *Fiévée* n'en fait aucune mention ; ainsi nous pouvons accuser sa partialité. Nous lui demanderons de plus si toutes les idées qu'il présente sont d'accord avec la Charte : c'est à son jugement que nous livrons cette réflexion.....

Quelques journaux annoncent que l'on vient de discuter au conseil d'État un projet de loi sur la liberté de la presse. Espérons qu'elle sera fixée sur des bases telles, qu'elles feront trembler les calomniateurs, et qu'elles mettront un terme à ces diatribes virulentes lancées continuellement contre le Gouvernement, sous le spécieux prétexte que l'on n'attaque que les ministres; Mais dont les ennemis du Roi s'emparent pour les diriger d'une manière adroite et certaine contre le Souverain lui-même.

Puisse cette loi, en accordant une sage liberté de la presse, fortifier le Gouvernement! Puissent ces écrivains qui se sont acquis quelque ascendant sur les partis, l'employer à soutenir et à corroborer le Gouvernement du Roi, en cherchant à réunir les esprits. Ils n'ont qu'à vouloir franchement la *Charte*, et la France deviendra, sous l'empire de la légitimité, redoutable pour ses ennemis, et pour ses amis, une *alliée puissante*.

CHAPITRE TROISIÈME.

Aperçu sur les dernières Élections et sur les résultats apparens de cette loi.

Nous avons fait connaître notre opinion particulière sur la loi des élections, et nous avons dit que nous pensions, dans l'intérêt du Gouvernement, que les deux degrés étaient préférables. Que l'on ne croie pas que cet aveu ait été le résultat de ce qui s'est passé dans le cinquième du Royaume, où les colléges électoraux ont été assemblés ; que l'on ne pense pas non plus que nous redoutions pour la suite les effets de cette loi.

Loin de les redouter, nous sommes persuadés que plus les colléges électoraux se réuniront, et plus les choix seront conformes aux désirs du Monarque ; parce qu'enfin les électeurs se persuaderont que les fonctions qui leur sont confiées sont de la plus haute importance.

Nous avons suivi avec l'attention la plus scrupuleuse ce qui s'est passé dans les dernières élections *; nous avons pendant ce temps entendu beaucoup raisonner sur cette loi, sur les effets qu'elle produirait. C'est d'après ce que nous avons vu, et les diverses opinions que l'on a émises en notre présence, que nous nous sommes formé la nôtre.

D'abord, nous avons vu s'évanouir devant l'expérience le plus fort argument présenté contre la loi, celui de ces *armées électorales* qui devaient se réunir dans le tumulte, et avec des vues hostiles : nous avons vu au contraire des citoyens paisibles s'assembler tranquillement; et, on peut le dire avec vérité, la capitale n'aurait pas su que les élections avaient lieu, si les journaux n'en avaient pas parlé. Les étrangers cherchaient les lieux où se réunissaient les électeurs, et lorsqu'on les leur faisait voir, ils ne pouvaient le croire. Les Anglais étaient particulièrement dans un étonnement que nous ne pouvons dépeindre. Ainsi notre opinion, qui était déjà formée à

* Nos raisonnemens porteront particulièrement sur ce qui s'est passé à Paris à cette époque.

cet égard, ne s'est point démentie : nous étions persuadés qu'une réunion d'hommes, tous propriétaires ou ayant un commerce qui leur donnait l'aisance, ne pouvait causer aucune inquiétude.

Fixés sur ce point important que la réunion des colléges électoraux ne peut donner d'inquiétude quant au danger des nombreuses réunions, cherchons à fixer aussi l'opinion sur le danger apparent pour le Gouvernement que les partis puissent diriger les choix, et les faire tomber sur les ennemis de la monarchie constitutionnelle ou de la Charte ; sur des hommes qui, professant depuis long-temps de fausses doctrines, pourraient oublier que cette Charte est une concession du Roi et du Gouvernement légitime, le seul qui puisse assurer le bonheur des peuples, et particulièrement celui des Français.

C'est d'après ce qui s'est passé sous nos yeux, que nous allons raisonner. Quelques mois avant la réunion du collége électoral de la Seine, parut un Ouvrage sur les élections, dans lequel on cherchait à insinuer quels étaient les candidats sur lesquels les électeurs devaient fixer leurs choix : on semblait désigner l'*indépendance* comme la première condition essentielle pour faire un bon député. La seconde était d'avoir donné le plus de garantie aux principes constitutionnels. Par la première de ces conditions, on éloignait tout ce qui a des places du Gouvernement; par la seconde, on semblait écarter tous ceux qui ont soutenu les droits de la Couronne.

A la fin de cet Ouvrage, se trouvait une liste portant une *quarantaine* de noms qui avaient paru à l'auteur comporter les conditions dont nous venons de parler: on y voyait des noms très-estimables; mais on y comptait aussi ceux de certains hommes qui, pendant toute leur vie, avaient, soit par leurs paroles, soit par leurs écrits, propagé des théories en tout contraires à la légitimité. Le nom de pareils hommes dut étonner les amis du Gouvernement; pas un de ceux qui, depuis la restauration, ont donné tant de preuves de dévouement à la monarchie constitutionnelle, n'y était inscrit, ou ils y étaient en bien petit nombre. Quoique l'on assura que cet Ouvrage fût d'un homme issu d'une de ces familles bourgeoises qui honorent depuis long-temps la capitale, aucun ou fort peu de ces noms célèbres n'y paraissaient; enfin, la liste n'était composée en majeure partie que de noms étrangers au département de la Seine.

Cet Ouvrage * dut être considéré comme l'annonce d'un parti qui voulait diriger les élections. On s'attendait que quelques écrivains se prononceraient fortement contre. Les électeurs furent étonnés de voir qu'ils restèrent muets, et cette liste prit une espèce de consistance.

Les amis du Gouvernement, en vrais royalistes, attendaient une autre liste : c'était celle qui désignerait le président du collége électoral et les vice-présidens des sections ; mais pendant ce temps on colportait la première, on cherchait à insinuer aux électeurs que c'était parmi ces hommes qu'il fallai choisir ; qu'ils soutiendraient leurs intérêts ; que ceux du peuple leur étaient chers ; que le Gouvernement tendait insensiblement *au*

---

* Le même auteur fit paraître, au moment des élections, un autre écrit dans lequel on voyait figurer une nouvelle catégorie de noms, ce qui prouverait qu'il s'était aperçu, un peu tard, qu'il servait un parti ; ainsi, nous sommes loin d'accuser ses intentions.

pouvoir absolu *; qu'il fallait l'arrêter dans sa marche, etc......... De semblables calomnies, d'aussi fortes impostures, n'étaient pas encore des auxiliaires assez puissans. On trouvait un stimulant dans l'intérêt particulier; on cherchait à persuader que des députés pris dans cette liste, feraient diminuer l'impôt. Avec de tels moyens, on augmenta le parti. Les électeurs faibles se laissèrent séduire par ces apparences trompeuses.

Cette liste se réduisit à huit personnes, et fut appelée la liste des *indépendans*. Trois ont été nommés députés; ils présentaient le caractère de la vraie indépendance, si une grande fortune prouve l'indépendance (c'est ce que nous discuterons dans un moment). Le premier, député à la dernière session, pour prouver son indépendance, offrait ses capitaux immenses au Gouvernement, promettant *qu'il ne s'arrêterait que devant la limite qu'il lui fixerait.* Les deux autres possèdent des qualités précieuses : riches négocians, ils emploient leurs capitaux dans des

---

* Quelques Ouvrages mis au jour par le côté entièrement opposé, servaient, sans s'en douter, ce parti.

entreprises utiles à la France et à la classe ouvrière. Un d'eux a présenté des vues sur l'emprunt, qui prouvent de vastes connaissances en finance. Les cinq autres n'ont pas été nommés : nous pensons que les électeurs ont été bien éloignés de voir en eux des indépendans *.

Souvent nous avons été surpris que la Charte n'ait pas fixé un *tarif de contribution* plus élevé que celui de 1000 francs pour être député, et nous avions pensé que par là elle aurait assuré au député plus d'indépendance; mais, en y réfléchissant, nous avons vu que la vraie indépendance existait du moment où l'on avait une honnête aisance avec laquelle l'on pouvait se procurer une existence douce et tranquille; mais aussi l'ambition pouvait n'être pas satisfaite, et nous avons jugé que plus l'ambition était élevée, plus elle pouvait devenir dangereuse pour un Etat. Sous ce rapport, nous sommes effrayés en pensant au mal que peut faire un citoyen, si, possédant une fortune assez colossale pour offrir

* Ce nom d'indépendans rappelle qu'un des personnages qui figurait dans cette liste, ce *vétéran de la liberté*, a fait ses premières armes avec les *indépendans*.

son crédit au Gouvernement, il joint à cela l'*ambition* : dominé par cette passion, il n'est plus indépendant, et peut, s'il se met à la tête d'un parti, devenir.... surtout si sa fortune est assez indépendante pour pouvoir avec un trait de plume être transportée, dans une minute d'un bout du monde à l'autre. C'est dans les habitudes de l'homme, dans son caractère, dans ses mœurs que se trouve la vraie indépendance. L'homme qui se contente de son sort, et qui jouit d'une existence douce, est, selon nous, *indépendant.*

Celui qui toute sa vie a été tourmenté d'idées contraires au mode de Gouvernement existant dans un État, peut-il se dire indépendant * ? A cette demande, nous répondons

* Nous avons promis de remettre en scène ce vétéran des idées révolutionnaires, devenu aujourd'hui aussi *royaliste qu'il peut l'être*, et soupirant après le repos et la tranquillité.

Le colloque dont nous avons parlé a eu lieu à l'époque même des élections (il était électeur); et nous lui demandions s'il donnerait sa voix à certains hommes de la liste des indépendans. Il nous répondit franchement : « Non, parce que je veux *le Gouvernement actuel*, et que je ne me la *donnerais pas à moi-même.*

avec assurance : *Non ;* et nous ajoutons que toujours il cherchera à bouleverser et à ramener la forme du Gouvernement à son penchant dominant. On connaît l'empire qu'ont sur les hommes les opinions *politiques* et *religieuses*. Que l'on se rappelle ces Français bravant l'échafaud pour leurs opinions, et mourant en criant *vive le Roi !* Vous qui figuriez sur cette liste des *indépendans*, ressouvenez-vous des écrits de toute votre vie ; rappelez-vous les discours que vous prononciez il y a si peu de temps, et nous vous demanderons si vous pouviez prétendre à figurer dans le nombre des députés d'un pays dont le mode de Gouvernement repose sur la *légitimité*. Nous connaissons vos talens, nous leur rendons hommage ; et lorsque nous verrons que, dans des écrits publiés, vous en aurez rendu un éclatant aux principes d'une monarchie constitutionnelle reposant sur la légitimité, nous vous croirons dignes de vous présenter comme candidats.

Je redouterais l'empire de mes anciennes opinions. » Aveu précieux qui ne doit pas être perdu pour le penseur politique !

Si nous cherchions la vraie indépendance d'opinion, qui est celle qu'il faut dans un député, nous la trouverions dans ces magistrats que l'on a semblé exclure; qui, jouissant d'une fortune territoriale, laquelle assure par la suite une existence douce et tranquille à leurs familles, ont de plus leur ambition satisfaite par une place *à vie indépendante du Gouvernement*, et qui leur garantit cette considération à laquelle prétend tout homme vertueux; nous oserions affirmer que ces hommes, qui ont tout à conserver, chercheront toujours à éloigner toutes commotions qui pourraient tendre à un bouleversement *.

Nous allons continuer l'historique des dernières élections du département de la Seine. Enfin parut l'ordonnance du Roi, qui convoquait ce collége électoral, et qui désignait le président et les vice-présidens. Cette liste en

---

* Que l'on ne suppose pas, d'après nos réflexions, que nous voulions exclure du nombre des députés, les hommes très-riches, et les écrivains qui ont, dans leurs ouvrages, discuté les diverses formes de Gouvernement; mais nous désirons les premiers *sans ambition*, et nous exigeons des derniers un *hommage au Gouvernement légitime*, et *à la Charte* qu'il nous a donnée.

devint une de candidats pour les amis du Gouvernement ; candidats bien recommandables sans doute: ils étaient désignés par le Souverain ! De plus nous dirons que chaque état y voyait figurer des hommes qui s'y sont illustrés, et qui y ont acquis l'estime de leurs *corporations*. Le Monarque avait daigné rendre un hommage éclatant à la magistrature de ce département, en choisissant pour président son second chef (M. Séguier est pair de France); de plus M. Bellart rappelait à la ville de Paris et à la France entière des souvenirs bien précieux *.

Au moment des élections parut une liste dans laquelle on voyait le nom de ce président, de six vice-présidens, et celui de M. le Garde-des-Sceaux. Cette liste fut appelée *ministérielle ;* nous, qui ne séparons pas le Ministère du Gouvernement, nous oserons dire qu'elle était celle des vrais amis du Roi. Cinq

---

* La fameuse proclamation du Conseil-général du département de la Seine, dont M. *Bellart* fut le rédacteur, et qui couvrait les murs de Paris, le premier avril 1814. On la trouvera page 20 du premier volume de nos *Annales historiques des Sessions*. Elle valut à M. Bellart la proscription de l'usurpateur.

d'entre eux sont députés, quatre siégaient à la dernière session. Le cinquième a illustré sa carrière, comme chef d'une maison de banque du premier ordre.

A la même époque parut une troisième liste, composée d'hommes qui ont donné de grandes preuves de dévouement au Roi et à la légitimité, qui tous étaient faits pour fixer l'attention des électeurs; mais on ne voyait parmi eux aucuns de ceux désignés par le Souverain, pas même le président du collége électoral : cette liste fut nommée liste des *purs*. Nous ne présenterons pas nos réflexions sur les hommes qui y étaient inscrits; nous leur vouons une telle estime, que nous désirons bien vivement qu'ils se rapprochent entièrement des vues de leur Souverain. Nous ajouterons que nous sommes persuadés qu'ils ont bien peu de chose à faire, parce que l'on connaît la justesse de leurs idées; qu'ils verront l'intérêt de l'État avant tout; que la *Charte* est le point de ralliement, *union* et *oubli*, les mots d'ordre. Ce qui vient de se passer aux élections doit leur en faire sentir la nécessité. Que tous les royalistes se réunissent à la voix du Roi; alors le Gouvernement, déjà fort, deviendra inattaquable.

Nous pensons que le Gouvernement, qui jusque-là était resté témoin de la lutte *, voyant qu'il y avait scission parmi les royalistes, et qu'un tiers des électeurs ne s'était pas présenté ; connaissant l'esprit qui animait la majorité de ceux de Paris, crut devoir les éclairer sur leurs véritables intérêts, et les engager à venir voter. Cet appel, fait par la voie des journaux, ne fut pas infructueux, et environ mille électeurs de plus parurent. Cette augmentation ne laissa plus les choix indécis, et ils les portèrent sur des hommes qui prouveront qu'ils sont dignes du collége électoral qui les a nommés députés.

Le résultat apparent des élections du Royaume a été une preuve des bons effets que la loi produira par la suite ; et que, loin que la réunion des colléges électoraux puisse causer le moindre ombrage au Gouvernement, ils ne se réuniront que pour donner une nouvelle marque de confiance au Sou-

---

* Lorsque nous nous servons du mot *lutte*, nous ne le croyons pas déplacé ; car comment qualifier ces combats d'écrits qui paraissaient chaque matin ? Paris en était inondé. Nous dirons à la louange des électeurs, que peu d'entre eux les lisaient.

verain, en fixant leur choix sur ceux qu'il aurait semblé désigner.

Les trois cinquièmes des députés ont été pris parmi eux. Le département de la Manche qui, l'année dernière n'était pas représenté, l'est entièrement, cette session, par le président et les vice-présidens du collége électoral et des sections. En résumé, nous pensons que le résultat du travail des électeurs a prouvé que la grande majorité a secondé les intentions du Souverain.

Nous croyons pourtant devoir appeler l'attention du Gouvernement sur une observation que nous avons faite : c'est que l'indécision dans laquelle se trouvent les électeurs, provient le plus souvent de ce qu'ils ne connaissent pas assez quelle est la part d'autorité qu'a un député, et quelles sont exactement ses fonctions. Ils supposent qu'un député peut s'immiscer dans le Gouvernement. Cette opinion vient de ce que les temps ne sont pas bien éloignés où il en était ainsi, et qu'ils sont encore présens à la pensée de quelques électeurs. Ils croient qu'un député peut faire diminuer à volonté la quotité de l'impôt, et qu'un bon député doit être en opposition avec le Gouvernement, pour soutenir les intérêts du peuple ; comme si le Roi avait d'autres intérêts que ceux du bonheur de ses peuples.... Nous avons entendu des électeurs raisonner ainsi, même à Paris. Si pareille opinion peut exister dans la capitale, on doit se douter combien elle peut se propager avec plus de force dans les départemens. Ceux qui veulent que ce soit le Ministère qui gouverne, disent continuellement que les Ministres se sont jetés dans un faux système, et que le Roi est trompé. Ils ne savent pas combien ils affaiblissent le pouvoir royal, avec ce raisonnement erroné ; et combien les ennemis de ce pouvoir profitent de ces dires pour induire en erreur les Français......

Nous cherchons souvent à interpréter l'esprit de la Charte pour juger ce qu'est véritablement un député. Nous voyons en lui un homme qui a la confiance de ses commettans pour venir concourir à la perfection de la loi, dans l'intérêt de tous.

Le Gouvernement, qui connaît le mieux l'esprit public et la situation du Royaume, conçoit l'utilité d'un projet de loi : il le discute, il le commente, et l'apporte aux Chambres, auxquelles il en expose la nécessité ; ensuite doit s'établir une discussion franche et loyale. Quelques changemens peuvent être apportés au projet consenti par le Souverain : ils font partie de la loi ; mais ils doivent être le résultat d'une discussion sage et réfléchie, et non celui d'une opposition marquée, qui voit une victoire dans le rejet d'un projet de loi ; nous pensons que cette opposition peut devenir dangereuse : notre opinion se fonde sur le caractère français. Nous entendons souvent dire qu'elle est nécessaire : peut-être pourrons-nous nous le persuader ; mais cela sera difficile.

Cette opposition, que nous désirons qui n'existe pas, c'est celle de voir continuellement les mêmes hommes combattre tous les projets présentés par le Gouvernement ; car enfin, dans le nombre de ceux qu'il propose, il doit s'en trouver de bons : avec le système de l'opposition on en torture le sens, pour parvenir à les trouver mauvais.

Faisons sentir le danger que nous y entrevoyons ; nous allons citer pour exemple deux des députés les plus distingués, MM. de *Bonald* et de *Villèle* ; ils jouissent dans leurs départemens, dans leurs villes, de la plus grande considération, considération méritée. Leurs opinions y sont du plus grand poids ; à

Rhodez et à *Toulouse*, on ne peut penser qu'ils vont à la Chambre avec l'intention de tout blâmer. Quel effet doit produire sur le peuple de ces pays, cette opposition continuelle ? C'est celui de supposer que l'autorité ne sait pas gouverner; et malheureusement en disant l'autorité, le peuple ne veut pas dire les *Ministres*, mais bien le *Souverain;* et plus malheureusement encore sera le jour où les Français se persuaderont quils ne sont pas gouvernés par *leur Roi*. Mais non, jamais ils ne croiront que ce que signe le Monarque soit le contraire de ce qu'il veut.

Si nous avons présenté quelques réflexions sur les élections, sur la nécessité qu'il y avait à fixer l'opinion par rapport aux pouvoirs dévolus aux députés, c'est que nous étions convaincus que l'on a à cet égard de fausses notions qui induisent en erreur les électeurs, et qui, en influençant sur les choix qu'ils font, peuvent en faire faire de bien funestes.

RÉSUMÉ.

En terminant cet Opuscule, nous dirons que la Chambre de 1815 était, dans les circonstances où elle fut élue, véritablement *introuvable*; que chaque député était animé du désir le plus sincère d'affermir la monarchie; mais aussi nous pensons qu'un faux système s'y introduisit : celui que nous combattrons continuellement, celui d'une opposition réglée; qu'elle soit *majorité* ou *minorité*, nous la croyons dangereuse, parce que, selon nous, elle tend à affaiblir le pouvoir royal.... Loin de nous la pensée de vouloir qu'une loi passe sans discussion! Nous en désirons, au contraire, une qui soit approfondie; mais nous voudrions que la contradiction ne vînt pas toujours du même côté et des mêmes hommes.

Nous croyons que la Chambre de 1815, entraînée par un zèle qui devient quelquefois dangereux, ne calcula pas assez la profondeur du système adopté par le Souverain, celui de ramener par la clémence les hommes égarés. Des propositions, au moins intempestives, furent faites en *comités* que l'on appelle *secrets*, mais dont le résultat est, le soir même, la conversation de tous les salons. On sut que ces propositions tendaient à excepter de l'amnistie un grand nombre de Français, *bien coupables certainement*, mais auxquels le Roi avait cru, dans sa haute sagesse, devoir pardonner. Ceux qui se croyaient compris dans ces exceptions, jetèrent les hauts cris; tout ce qui avait pris quelque part dans la tourmente révolutionnaire fut effrayé; enfin, nous dirons que ces propositions répandirent l'alarme et la consternation : elles firent calomnier les intentions les plus pures, et le descendant d'*Henri IV* fut accusé d'avoir promis le pardon, et de se faire forcer à punir.... Oui, orateurs imprudens qui fîtes ces propositions, plus on connaissait votre dévouement pour votre Roi, plus la malveillance supposait que vous agissiez d'après son instigation secrète.

Vos intentions étaient pures; mais vos propositions mirent le Gouvernement dans une fausse position : il se vit peut-être forcé, pour prouver sa loyauté, de faire des concessions; concessions qui, quoique nécessitées par la position dans laquelle il se trouvait, furent mal interprétées; ou, disons-le franchement, les intrigans en profitèrent pour semer la division entre vous et le Ministère. Quelles en furent les suites? C'est que, sans vous en douter, vous vous trouvâtes en opposition avec votre *Souverain*, croyant n'y être qu'avec ses premiers agens. Dans votre étonnement, vous fûtes obligés de les accuser d'être dans une route fausse, qui était forcée, d'après la position de la France.

La session de 1815 obtint l'expulsion des régicides. Cette proposition ne pouvait venir que des Chambres; la nation devait parler; le crime épouvantable qu'elle punissait pesait sur elle: il fallait qu'elle prouvât au monde, à la postérité, qu'elle l'avait en horreur; aussi vit-on les *Ministres-députés* qui, parlant au nom du Roi, avaient invoqué le pardon accordé par l'*auguste Victime*, voter comme députés français, et se lever pour l'expulsion. La session de 1815 sera mémorable; on dira dans tous les *siècles*. Elle a vomi hors du territoire français les monstres qui le souillaient de leur présence.

La Chambre de 1815 se laissa égarer par l'ordonnance qui semblait autoriser la révision d'une partie de la Charte; la malveillance profita de cet égarement, en l'accusant de ne pas vouloir de cette concession royale pour base de son Gouvernement. De là naquit l'espèce d'opposition qui a existé entre elle et la Chambre des pairs; opposition qui nécessita l'ordonnance du 5 septembre.

La session de 1816 a eu une marche plus facile à suivre: elle lui était tracée par l'ordonnance précitée; aussi a-t-on vu l'accord des trois branches pour seconder les intentions du Souverain. On a remarqué que ceux des orateurs que la malveillance avait soupçonnés de ne pas vouloir de la Charte, ont été ceux qui ont combattu le plus fortement en faveur des libertés publiques : oubliant peut-être les circonstances épineuses où se trouvait le Gouvernement, ils ne voulaient point de lois d'exception.

Nous dirons que, dans la discussion sur le budjet, nous avons remarqué avec plaisir une espèce de rapprochement qui, s'il pouvait continuer d'avoir lieu, amenerait insensiblement ce que nous désirons. Il n'existerait plus une opposition concertée contre un projet de loi, mais une discussion franche de ce projet. Puisse ce bon esprit se maintenir, se propager! Tel est est notre vœu bien sincère.

Nous terminons cet Ouvrage, pendant que le Souverain invoque la Sagesse éternelle pour qu'elle « puisse diriger les délibérations qui « vont s'ouvrir, raffermir les institutions qu'il « a établies, inspirer aux Français cet esprit « de concorde et d'union qui fait le repos des « États, et conduire le Royaume à ce bonheur « vers lequel tendent constamment tous ses « vœux et ses efforts. »

C'est à vous, *Pairs* et *Députés* de 1817, c'est à vous de seconder les vœux de ce Monarque vénéré : la France entière vous parle par sa bouche.

Nous avons pensé ne pouvoir mieux finir que par ces paroles mémorables, extraites de la lettre écrite *par Sa Majesté* à tous les archevêques et évêques du Royaume.

POSTSCRIPTUM.

PAGE 38, nous disons, au sujet de l'impression et de la vente du Discours de M. *Lanjuinais* *, que nous avons émis la même

* Voir les pages 92, 93 et 94 du second volume de nos *Annales historiques des sessions du Corps Législatif*. On y trouvera notre opinion sur le même sujet.

opinion que M. *Fiévée*. Nous allons citer ses paroles; il dit : « Un pair qui avait présidé « la Chambre des députés pendant les cent « jours, et qui avait été depuis présider un « collége électoral, sans pouvoir décider à « son gré une seule nomination, crut devoir « jeter un cri d'alarme sur la loi présentée « par le Ministre de la Police (celle sur la « liberté individuelle); et, dans la crainte que « ce cri se perdît dans l'enceinte de la Cham- « bre des pairs, il le fit répéter en écho dans « les boutiques de librairie du Palais-Royal. « Son opinion fut mise en vente, et les secrets « des délibérations trahis, malgré les régle- « mens. C'était se faire tribun du peuple sans « cesser d'être pair, et traduire ses collègues « au tribunal de l'opinion, avec d'autant plus « de certitude d'en triompher, qu'ils ne pou- « vaient se défendre devant le même tribunal, « sans manquer aux lois qu'ils s'étaient don- « nées à eux-mêmes. »

Le 23 novembre 1816, un pair paraissant en opposition de principes avec M. le *comte Lanjuinais*, fit à sa Chambre la proposition de « présenter une adresse au Roi, tendante « à le supplier de faire examiner ce qui s'était « passé aux élections de 1816, afin d'en or-

« donner ensuite selon sa justice. » Ce noble pair déposa en même temps sur le bureau les pièces à l'appui de sa proposition. Elles étaient, selon lui, *importantes* et *nombreuses*.

La Chambre des pairs crut ne devoir pas s'occuper de cette proposition, et ne voulut point en entendre le développement.

Ce noble pair la fit imprimer quelques jours après, avec les pièces *importantes* et *nombreuses* qu'il avait déposées sur le bureau. Les boutiques de librairie du Palais-Royal répétèrent en *échos* ce que la Chambre des pairs n'avait pas voulu entendre. Nous demanderons à M. *Fiévée* quelle qualité il donnera à ce noble pair. Nous le renvoyons aux réflexions ci-dessus, que nous avons extraites de son Ouvrage.

M. *Fiévée* n'a pas cru devoir faire mention de ce fait dans la session de 1816. Quant à nous, qui, lorsque l'orage gronde, ne regardons pas s'il vient du *midi* ou du *nord* pour dire il *tonne*, nous avons blâmé et M. le *comte de Lanjuinais* et M. le *vicomte de Châteaubriand*.

Nous dirons, avant de terminer cet Ouvrage, que nous n'avons point voulu attaquer les intentions de qui que ce soit ; nous les croyons toutes pures; nous les jugeons d'après les nôtres : *l'union fait la force*. Nous avons cherché à convaincre les amis de la monarchie *legitime* et *constitutionnelle* de la nécessité de se réunir au Gouvernement contre tous les propagateurs des principes *démagogiques*; les élections doivent leur en faire sentir l'importance. *Voulons tous franchement notre Roi, son auguste famille et la Charte;* oublions tous le passé, nous comblerons les vœux de notre Souverain, et notre France reprendra son ancien lustre.

M. *Lafitte* se reconnaîtra dans le passage où nous avons fait sentir les dangers de l'ambition, lorsqu'elle se trouve appuyée d'une immense fortune. Si, parmi les personnes qui ont marqué à l'époque des élections, nous eussions pu en citer une qui ait, *de son aveu*, une fortune et un crédit plus colossal, nous l'aurions désignée, parce que nous savons que les intrigans s'attachent toujours aux personnages opulens, dans l'espoir de les entraîner dans une position dont leur ruine est la suite; et ils savent en profiter....

Nous conjurons donc M. *Lafitte* d'être en garde sur le rôle qu'on cherche, certainement sans sa participation, à lui faire jouer.

Notre *Avant-Propos* était imprimé lorsque le *Moniteur*, *le Journal des Maires* et celui de *Paris* ont bien voulu faire mention de notre troisième volume des *Annales historiques des Sessions du Corps Législatif*: ils nous ont relevé de l'espèce d'*interdiction* dans laquelle les journalistes avaient mis nos productions. Nous leur en faisons nos remercîmens; nous en adressons de particuliers aux rédacteurs du Journal de Paris, qui ont bien voulu lire dans nos pensées en disant que nos Annales *étaient le fruit du travail de deux amis de l'ordre et de la paix, qui se font un devoir de manifester hautement, sans aucune restriction, l'attachement inviolable que tout bon Français doit au Roi et à la Charte.* Nous espérons que tous les journaux, aussi justes à notre égard, voudront bien voir cet opuscule sous le même point de vue : c'est notre ambition la plus sincère.

Réflexions sur le dernier ouvrage de M. le vicomte de Châteaubriand.

Le nouvel ouvrage de M. le vicomte *de Châteaubriand*, intitulé : *Du système politique suivi par le ministère*, est entièrement dirigé contre les Ministres. Il contient l'explication de quelques faits que nous avions mis en doute, nous croyons devoir en dire un mot. Nous ne nous attacherons que faiblement à défendre les Ministres; ils n'en ont pas besoin : la confiance que le Roi leur accorde est, pour eux, la défense la plus péremptoire.

Un discours d'un Ministre, prononcé à la Chambre des députés, semble être le principal moteur qui vient de faire reprendre la plume à M. le vicomte *de Châteaubriand*; il prétend que ce discours était une attaque dirigée particulièrement contre M. *de Villèle*. Nous ne discuterons point, en ce moment, si c'était une attaque ou une défense : ce sera dans notre quatrième volume des *Annales historiques des sessions du Corps Législatif* que nous donnerons le narré exact de la discussion sur la liberté de la presse; discussion remarquable, où le ministère a eu en opposition *amis* et *ennemis*.

Il nous avait paru étonnant que l'on répétât, dans divers écrits, une assertion démentie à la tribune de la Chambre des députés, et démentie d'une manière aussi formelle qu'elle l'avait été par un Ministre du Roi.

M. le vicomte de *Châteaubriand* disait * : les élections se sont faites, dans plusieurs provinces, aux cris d'*à bas les prêtres! à bas les nobles!*

M. *Fiévée* ** dit : on allait, l'année précédente, aux élections, en criant *à bas les prêtres! à bas les nobles!* M. le vicomte *de Châteaubriand* généralise moins cette assertion dans son dernier ouvrage, puisqu'il soutient seulement que ces cris ne s'étaient fait entendre que dans quelques endroits.

---

* Page 24 de la *Proposition à la Chambre des pairs.*

** Page 16 de la huitième partie de sa *Correspondance politique et administrative.*

Pour appuyer son dire, il cite le passage ci-après, extrait du mémoire de M. *de Curzay:*
« Un Ministre a dit à la Chambre des députés
« qu'il n'avait point eu connaissance qu'on
« eût exprimé dans les colléges électoraux de
« 1816, ce vœu : *nous ne voulons point de*
« *nobles.* Avait-il donc oublié mon rapport
« en date du 7 octobre? »

Voilà donc les cris séditieux d'*à bas les prêtres! à bas les nobles!* réduits à leur juste valeur, c'est-à-dire, à ce simple vœu, *nous ne voulons point de nobles;* et encore, par qui ce vœu a-t-il été prononcé? Par quelques électeurs réunis. Cette assertion ne peut plus être douteuse; elle nous est donnée par un préfet remplacé. Pourquoi faut-il qu'un écrivain aussi célèbre que M. le vicomte *de Châteaubriand* ait cru aussi facilement les rapports d'hommes qui voyent toujours à travers le *prisme* de leurs passions? Voilà comme souvent, avec les intentions les plus pures, on est trompé, et on trompe la nation. Combien une assertion hasardée et dangereuse prend de la force, surtout lorsqu'elle a passé par une bouche qui a su inspirer de la confiance par son dévouement, à une époque affreusement mémorable pour la France.

C'est d'un rapport fait au Roi, à cette époque, que M. le vicomte *de Châteaubriand* argue pour vouloir nous prouver que ce n'est pas par esprit de parti que les royalistes combattent pour la *Charte* et pour la *liberté de la presse*. Il soutient d'abord que leur persévérance dans leurs opinions à cet égard détruit toutes les insinuations de la calomnie; mais, pour trancher la question, d'après un argument qui lui paraît sans réplique, il cite son rapport sur la situation de la France, fait au Roi, dans son conseil, à Gand. (M. le vicomte *de Châteaubriand* parle comme si, à lui seul, il représentait tous les royalistes.)

Nous doutons difficilement de la pureté des intentions; nous croyons de bonne foi ce qu'on nous dit; mais que M. *de Châteaubriand* nous permette de lui représenter que son rapport ne nous prouve rien, si ce n'est qu'il était fait à un Roi qui avait donné la Charte, qui en voulait l'entière exécution, qui voulait une sage liberté de la presse, qui la veut encore, qui la propose dans ses projets de loi; mais qui croit que les circonstances ne lui permettent pas de donner l'essor à ces feuilles périodiques qui n'attendaient que le moment pour paraître et se signaler. Nous sommes loin de vouloir parler de celles existantes *; nous croyons bien qu'il y aurait parmi elles une controverse nécessaire sous un gouvernement constitutionnel; mais peuvent-elles nous garantir du résultat funeste de celles qui auraient paru?

A aucune époque plus mémorable que celle qui a suivi le 20 mars, il était nécessaire à un Ministre du Roi de convaincre la France et l'Europe, non-seulement de la pureté des intentions de son maître, mais encore de celles de ses fidèles serviteurs.

Ce rapport est, à nos yeux, le résultat d'une politique profonde, dont l'auteur n'avait qu'une seule pensée, celle de corroborer de toutes ses forces la noblesse des sentimens pa-

---

* Nous pouvons affirmer que nous avons entendu dire à plusieurs rédacteurs des feuilles existantes, que, pour leur intérêt particulier, ils désireraient une liberté illimitée des journaux; mais que dans leur conscience, ils étaient forcés d'avouer qu'ils la regarderaient comme dangereuse dans ce moment. Dans sa loyale franchise, M. de Villèle a été obligé de convenir qu'il fallait accorder le temps au Gouvernement de présenter une loi particulière de répression qui pût contenir les journaux dans de justes bornes.

ternels qui animaient son souverain légitime, sentimens que la nation a toujours accordés à ce Monarque législateur.

Le tableau d'un vrai ami de la légitimité y est buriné avec ce talent que l'on reconnaît à son auteur. Plus les traits y sont frappans, plus il paraîtra étonnant aux plus zélés défenseurs de la légitimité, qui marchent franchement avec le gouvernement du Roi; plus, disons-nous, ils seront étonnés, même effrayés de voir le *royaliste de Gand* voter avec des hommes qui semblent ne pas vouloir reconnaître cette *légitimité*, seule garantie de notre bonheur social, et auxquels ce mot paraît inspirer de l'horreur; qui, lorsqu'ils sont forcés d'invoquer l'autorité du *Roi*, ne le font qu'avec un embarras qui décèle la peine secrète qu'ils en éprouvent; ils le désignent sous la dénomination de chef du gouvernement actuel; ils assimilent ainsi presque le *Roi légitime* à l'usurpateur; car, en parlant quelquefois de ce dernier, ils l'appellent le chef du dernier gouvernement. Ils sont en bien petit nombre, mais enfin il en existe : nous les démasquerons dans le prochain volume de nos *Annales historiques des sessions*, et nous y prouverons que leurs discours sont de nature à ce qu'ils puissent se prévaloir de leur *tactique* astucieuse devant tout gouvernement qui pourrait survenir.

Entendons à ce sujet M. le vicomte *de Châteaubriand* s'expliquer ; il dit : « *bonne* « *foi* et *talent*, voilà ce qu'il faut maintenant « pour nous conduire ; et la bonne foi et le « talent ne sont point le partage exclusif « d'une classe d'hommes. Les royalistes ne re- « poussent que la lâcheté et le crime ; ils ne « sont point ennemis des opinions. Quant à « lui, il pense qu'on peut rencontrer des amis « sincères de la monarchie constitutionnelle « jusque dans les rangs des anciens partisans « de la république (lorsqu'ils n'ont pas com- « mis de crimes). *Parmi ces hommes dont* « *les premières erreurs ont eu un fond de* « *noblesse*, il croit encore que *les enfans* « *de nos victoires récentes sont désormais* « *disposés à se joindre aux vieux soldats de* « *notre antique gloire*. Aimer l'honneur c'est « déjà aimer le Roi. Mais défions-nous de ces « suppôts de la tyrannie, prêts à servir comme « à trahir tous les maîtres ; qui, toujours atten- « dant l'événement, en ont toujours profité ; « esclaves que rien ne peut rendre libres, et « dont la Charte n'a fait que des affranchis. »

Nous applaudissons à ce passage de l'ouvrage de M. le vicomte *de Châteaubriand*, d'une manière d'autant plus spéciale, que, dans notre réunion, nous avons donné la preuve que l'homme le plus royaliste, qui n'a jamais dévié, peut rencontrer dans un républicain un être estimable qui, aujourd'hui, est dévoué au Roi et à la légitimité; mais nous demandons une profession de foi franche et loyale ; nous la voulons ! Qu'ils nous permettent, sans cela, de douter de leur bonne foi. Nous nous sommes déjà prononcés à cet égard, et nous ne cesserons de le faire.

Dans ce même passage, M. *de Châteaubriand* assure voir avec plaisir *les enfans de nos victoires récentes disposés à se joindre aux vieux soldats de notre antique gloire*. Nous lui demanderons, pour lors, quels reproches fondés il peut faire au ministère; ce qu'il voit avec plaisir, le Gouvernement l'effectue. On voit partout les grands noms de ceux qui, soit dans la carrière des armes, ou dans la magistrature, ont illustré la monarchie française. A côté d'eux on trouve ces plébeïens qui se sont distingués de nos jours, soit par des vertus stoïques, soit en prouvant sur le champ de bataille ce que peut la valeur française.

M. le vicomte de *Châteaubriand* nous présente les royalistes devenus les partisans les plus vrais des principes libéraux. Pourtant le mode de *jury*, proposé par un d'eux dans la discussion sur la liberté de la presse, nous a semblé comporter une aristocratie judiciaire, bien éloignée de la démocratie que veulent les libéraux. S'il veut nous permettre de lui dire ce que nous avons jugé de cette discussion, c'est que les nouveaux libéraux parlaient une langue qui ne leur est pas familière; ils nous ont paru aussi embarrassés qu'étonnés de se voir secondés et appuyés par quelques hommes qui siégaient du côté opposé; et, malgré les leçons de l'astucieux personnage qui a su opérer cette réunion extraordinaire, ceux qui même espéraient en profiter ne pouvaient la concevoir.

M. *de Châteaubriand* nous a fait apercevoir que l'ordonnance du 13 juillet 1815 était basée sur les principes qu'il avait émis dans son rapport à Gand. Cet aveu est un trait de lumière. Que l'on se rappelle l'interprétation donnée à chacun des articles qui pouvaient, par cette ordonnance, être revisés, et l'on verra qui a dicté la marche à tenir en 1815, marche qui fut si bien suivie par la majorité de la Chambre des députés. On ne pouvait encore prendre l'initiative de la loi ; mais les amendemens étaient un empiétement manifeste, à l'aide duquel on était parvenu à changer entièrement les projets de loi. L'écrit de la *Monarchie selon la Charte* s'éclaircit aussi. Il fallait appuyer son ouvrage, en développer les principes. Nous avouons que, jusqu'à ce jour, nous avions cru que l'ordonnance du 13 juillet 1815 avait été projetée dans un autre lieu qu'à Gand ; nous la croyions l'ouvrage de ceux qui avaient été assez faibles pour proposer de prendre la cocarde aux prétendues couleurs françaises.

On a reproché au ministère actuel d'avoir marché continuellement, en faisant des concessions au parti révolutionnaire ; on ne peut au moins lui reprocher de n'avoir pas conservé à la couronne son plus beau droit, celui *de l'initiative de la loi*, celui qui seul peut arrêter l'essor des propositions les plus dangereuses. On peut encore affirmer que le ministère, et ceux qui marchent avec lui, ont fait tout ce qu'ils ont pu pour conserver à la couronne toutes les prérogatives que lui donne la Charte, tandis que les opposans, en supposant continuellement que les Ministres tendent au pouvoir absolu, minent, sans s'en apercevoir, le pouvoir royal *.

Les Ministres tendent au *pouvoir absolu;* le *despotisme ministériel* s'établit, disent MM. *de Châteaubriand* et *Fiévée*. Ce dernier leur reproche d'y marcher à l'aide des ordonnances.

Quant à M. le vicomte *de Châteaubriand*, il leur fait le reproche inverse; c'est celui d'avoir introduit, dans la loi sur le recrutement de l'armée, un mode d'avancement qui aurait pu être réglé par une ordonnance. A-t-il oublié que ce mode existait dans l'armée française, avant la révolution, au moins dans

---

* Nous nous proposons, dans le quatrième volume de nos Annales, de traiter du pouvoir royal dans ses rapports avec les deux Chambres; de plus, nous établirons quels sont les droits des mêmes Chambres. Nous croyons que cela est nécessaire pour déterminer les choix des électeurs. Il est facile de voir que les députés des départemens sont souvent dans l'erreur à cet égard; et les vrais amis de la monarchie constitutionnelle doivent être épouvantés de l'empiétement que l'on voudrait prendre insensiblement sur le pouvoir royal.

l'infanterie ; à l'exception que le tiers des sous-lieutenans n'était pas forcément pris parmi les sous-officiers ; mais la composition des sous-officiers était différente de ce qu'elle sera d'après le mode de recrutement. Il existait pourtant peu de régimens d'infanterie où il n'y eût au moins sept ou huit officiers que l'on appelait *officiers de fortune*, et qui avaient passé par tous les grades militaires, qui avaient même commencé par être soldats.

Nous n'avons pas pris la plume pour discuter ce projet de loi ; nous croyons qu'en raisonnant, même d'après la Charte, une ordonnance aurait pu suffire pour établir le mode d'avancement. Si nous en parlons, c'est pour faire voir la singulière route que prend le ministère pour arriver au pouvoir absolu. La force armée est le plus puissant levier pour atteindre ce but, et il enchaîne, par une loi, ce véhicule puissant qui était à sa disposition.

M. le vicomte *de Châteaubriand*, oubliant le vrai sens de la Charte, et voulant continuellement l'interpréter à sa manière, c'est-à-dire, d'après son ouvrage de la *Monarchie selon la Charte*, nous dit que le Ministère *n'est pas bien pénétré des doctrines du gouvernement constitutionnel.*

Il dit ensuite : « Lorsque la restauration est « venue nous sauver, par un mouvement na« turel, on s'est reporté au commencement « de nos troubles ; et les vingt-cinq années de « nos malheurs s'évanouissant comme un « mauvais songe, on a repris la monarchie là « où on l'avait laissée. Cependant, les choses « n'étaient plus les mêmes : le Roi, dans sa « magnanimité, nous avait donné une Charte ; « avec cette Charte, nos devoirs avaient « changé ; mais les hommes appelés au pou« voir virent que le rétablissement du trône « avait réveillé dans nos cœurs cet amour « inné des Français pour les enfans de Saint- « Louis. Ils se hâtèrent de profiter de ce sen« timent pour échapper aux entraves de la « Charte. Au lieu de rester à leur poste, de« vant *le Roi*, ils passèrent derrière, afin de « couvrir la responsabilité du Ministère, de « l'inviolabilité du Monarque. Ainsi retran« chés, ils se flattèrent de conduire la mo« narchie nouvelle avec les maximes de l'an« cienne monarchie : de là ce combat qui s'est « engagé entre le Ministère et les Chambres, « le Ministère s'exprimant d'un ton absolu,

« s'efforçant d'emporter tout de haute lutte ;
« au nom sacré du Roi, les Chambres récla-
« mant la liberté de leurs opinions, et vou-
« lant renfermer le Ministère dans les prin-
« cipes. »

Comment un penseur profond, un habile politique a-t-il pu tracer ces lignes! D'après son système, nos doctrines du gouvernement constitutionnel reposent sur la Charte : ouvrons-la, et jugeons.

L'art. XIII est conçu en ces termes : « La
« personne du Roi est *inviolable* et *sacrée*.
« Au Roi seul appartient la puissance exé-
« cutive. »

Personne, plus que nous, n'est persuadé que l'axiôme *le Roi ne peut faire mal*, est l'article le plus essentiel de notre Charte, et que toute la responsabilité doit peser sur les Ministres; mais de quoi sont-ils responsables? L'art. LVI de la Charte répond : Ils le sont pour faits de *concussion* et de *trahison*. Que l'on détermine par une loi la nature de ces délits; c'est absolument nécessaire pour fixer ce que sont les Ministres du Roi, et jusqu'où peut s'étendre leur responsabilité. En Angleterre, où les publicistes puisent sans cesse leurs modèles, la trahison ministérielle est le crime de *lèze-majesté*, et *toute autre entreprise contre les lois de la patrie*. La concussion ne demande pas d'explication; ainsi nous croyons cette loi facile à faire.

A présent, voyons comment agissent les Ministres, pour *couvrir leur responsabilité de l'inviolabilité du Monarque, et pour emporter tout de haute lutte, au nom sacré du Roi.* Ils invoquent ce nom dans la discussion.

Ouvrons encore la Charte, et voyons ce qu'elle dit. L'art. XVI est clair; il dit : *le Roi propose la loi.* Ne pouvant le faire lui-même, il charge spécialement ses Ministres ou ses Conseillers-d'État d'en soutenir la discussion. Ils parlent en son nom, et l'on ne voudrait pas qu'ils l'invoquent, qu'ils s'en appuient! Nous dirons franchement que nous ne pouvons concevoir un semblable paradoxe. On sait qu'il est difficile à soutenir : aussi raisonne-t-on continuellement, comme si la proposition de la loi n'émanait pas du Roi. que les projets de loi ne soient point discutés dans le conseil du Roi, adoptés et signés par lui, que l'on en supprime les préambules: pour lors les Ministres pourront être répréhensibles d'invoquer, dans la discussion, le nom du Monarque.

La Charte donne aux Ministres le droit de s'immiscer dans les discussions des Chambres; les Conseillers-d'Etat ne peuvent y paraître que d'après les ordres du Roi; et on voudrait qu'ils ne pussent invoquer son nom! Pour nous, qui ne raisonnons qu'avec le simple bon sens, pour nous, qui sommes royalistes sans restrictions, qui ne voyons dans nos amis que ceux qui reconnaissent franchement que, sur la légitimité, reposent les destinées futures de la France; enfin, qui pouvons nous dire, sans ambition, nous ne torturons point la Charte pour y trouver ce qui n'y existe pas, nous la voyons telle qu'elle est, nous ne cherchons point dans d'autres constitutions pour raisonner; nous ouvrons la nôtre, et nous y voyons ce qui y existe véritablement. Ecrivains qui possédez de la célébrité, joignez à vos talens de la franchise, vous raisonnerez comme nous.

M. le vicomte *de Châteaubriand* dit : « Tantôt on confond le ministère avec le trône; « on soutient qu'attaquer le premier, c'est « attaquer le second; tantôt, pour un autre « motif, on en fait une puissance séparée; « on parle des principes qui *lient le ministère au Roi, et le Roi au ministère.* »

Nous savons que quelques écrivains, et

nous-mêmes, nous avons souvent demandé si, en attaquant continuellement le système adopté par le gouvernement du Roi, on ne craignait pas d'en affaiblir la force; de plus, nous avons vu que toutes ces attaques, qui n'avaient en général qu'un but, celui de renverser le Ministère, donnaient de la force au parti qui, sous le nom spécieux de l'*indépendance*, tend à une indépendance qui pourrait être funeste au trône et à la monarchie.

M. le vicomte *de Châteaubriant* nous permettra de lui reprocher de faire tenir son langage à ses adversaires, en disant qu'ils font des Ministres une *puissance séparée du pouvoir royal;* toujours ils en ont fait les agens de ce pouvoir. Ils ne leur ont jamais dévolu d'autre puissance que celle qui émane de la volonté du souverain; et nous les estimons trop pour penser qu'ils en voudraient une autre. Aussi, nous adoptons les principes qui *lient le ministère au Roi;* mais non ceux qui *lient le Roi au ministère;* nous avouerons que notre sagacité ne va pas jusqu'à concevoir ce qu'a voulu faire entendre, par ce syllogisme, M. le vicomte *de Châteaubriand*, à moins qu'il n'ait voulu persuader que le Roi ne pouvait s'affranchir du pouvoir ministériel. Nous avons une toute autre idée de la puissance royale (même en raisonnant avec la Charte), nous voyons cette puissance, armée de toute sa force, écrasant d'un seul mot le prétendu colosse ministériel, s'il était possible que, s'oubliant, il voulût jouer le rôle des anciens Maires du Palais.

« On perpétue, dit M. le vicomte *de Châ-
« teaubriand*, les lois d'exception qui perpé-
« tuent le Ministère de la police générale,
« tribunal d'inquisition politique, qui, dans
« un moment de crise, a pu avoir son utilité,
« mais dont l'existence est définitivement in-
« compatible avec un gouvernement consti-
« tutionnel.

Dans un moment, on nous fait entrevoir un danger imminent; on signale une faction révolutionnaire, dont tous les efforts tendent à la destruction du trône *: on reconnaît l'utilité du Ministère de la police dans un moment de crise, et on en trouve l'existence incompatible avec le gouvernement constitutionnel!

Quoi! ce qui est utile dans un moment de crise, est incompatible avec notre forme de

---

* Lisez l'ouvrage *De la Monarchie selon la Charte*.

gouvernement! On est donc bien certain que nous n'aurons plus de crise à redouter! Nous croyons qu'il est possible qu'il y en ait peu par la suite; mais, pour empêcher ce malheur, il faut une autorité surveillante, active, qui ne perde jamais de vue les factieux; il faut qu'elle parte d'un *point central*, et non qu'elle soit partagée entre tous les Ministères; et un Ministre seul, chargé de cette partie, ne sera pas le moins utile pour l'intérêt et la sûreté du trône. Que l'on confie cette surveillance à un Ministre de la police, ou à un Ministre de la maison du Roi etc.; mais qu'elle ne soit jamais dans plusieurs mains: voilà où doivent tendre les vues de tout ami de la légitimité et de la tranquillité.

Dans le moment où nous traçons ces lignes, on nous apporte *la Neuvième partie de la Correspondance politique;* quoique nous ne nous mettions pas du nombre des six profonds penseurs qui peuvent, en France, comprendre son auteur, et que les écrits de ce *conseiller des Souverains* nous soient souvent incompréhensibles, nous l'avons parcouru d'autant plus promptement, que cet ouvrage était annoncé comme devant être plus fort que tout ce qui est sorti de la plume de ce nouveau

Junius * : nous y avons vu une critique amère des actes et des discours des Ministres en général, et particulièrement de ceux du Ministre de la police, ministère dont il ne veut plus ; il en confie les attributions aux autres Ministres.

« Chaque Ministre, dit M. *Fiévée*, doit « avoir la police des hommes qu'il administre « spécialement ; et cela est si naturel, que « cela a toujours été : ainsi, le Ministre de « l'intérieur a la police la plus générale, « parce que son ministère touche à un plus « grand nombre d'intérêts, et se compose par « conséquent d'un plus grand nombre d'a-« gens.

« Le Ministre de la guerre a naturellement « la police des hommes de guerre ; et les agens « non plus ne lui manquent. »

---

* La veille du jour où la neuvième partie de la *Correspondance politique* a paru, des émissaires, intéressés à la vente de cet ouvrage, parcouraient les boutiques de librairie du Palais-Royal, en l'annonçant pour le lendemain ; et ajoutaient : « Il sera plus fort que tout ce qui est sorti jusqu'à ce jour de la plume de son auteur. » Cela se répétait par les libraires, et faisait presque *écho* dans les galeries de bois du Palais-Royal.

« Le Ministre de la justice a, de fait, la « meilleure de toutes les polices, puisqu'elle « s'unit à l'exécution des lois. »

M. *Fiévée* ajoute qu'il peut en dire autant des Ministères des finances et de la marine; et, selon lui, le Ministre des affaires étrangères n'a pas de fonctions plus importantes que la police de l'Etat, dans ses relations extérieures.

Nous avouerons que nous ne comprenons pas bien clairement ce que cet auteur a voulu dire par cette dernière assertion; mais, ce n'est pas sa faute; c'est la nôtre : pourquoi ne sommes-nous pas du nombre des *six* hommes, en France, et des *vingt*, en Europe, qui ont le bonheur de concevoir ce génie sublime?

Pourtant, M. *Fiévée* est forcé de convenir qu'il faut une unité en police, c'est-à-dire, un point central qui dirige tout; mais cette unité existe, selon lui, deux fois : la première, dans le *trône*; la seconde, dans la *présidence du ministère*. Il demande pourquoi on conservera un Ministère de la police?

Nous lui répondrons que nous pensons que la multiplicité des détails d'une police qui surveille les plus grands intérêts, ceux de la tranquillité du trône et des peuples, doit avoir un *point central*, qui ne soit pas aussi élevé que le *trône*, et qui ait moins d'occupation que le président du Ministère.

MM. *de Chateaubriand* et *Fiévée* semblent appeler la délibération des Chambres, et surtout l'attention de la commission du budjet, sur la question de savoir si un Ministère de la police est nécessaire, et s'il est compatible avec un gouvernement constitutionnel. Nous ne concevons pas où on veut nous conduire avec le régime des Chambres. Dans un moment, on veut leur donner la proposition de la loi. Les mêmes hommes vont plus loin, ils donnent à la commission du budjet une sorte de surveillance qui la rendrait insensiblement plus puissante que le Gouvernement. Elle pourrait s'immiscer peu à peu dans son action, et en diminuer considérablement la force, en refusant une partie de la quotité du budjet, sous le spécieux prétexte qu'elle considère telle ou telle dépense comme inutile, et pouvant être supprimée. De suppressions en suppressions, on paralysera tout à fait la puissance royale; elle se reportera insensiblement dans les Chambres, et ce sont des écrivains se disant royalistes, et s'établissant eux seuls les organes de tout le parti *, qui font de semblables propositions. Nous ne retrouvons plus dans l'un d'eux le *Chateaubriand* de 1814. Nous lui croyons d'aussi bonnes intentions; mais ses idées sur le mode de gouvernement nous semblent bien différentes.

M. *Fiévée*, dans la neuvième partie de sa Correspondance, nous fait connaître dans la Chambre des députés un quatrième *parti*, qu'il appelle le *parti politique*. Il nous le présente comme un monstre *amphibie* qui finirait par tout conduire, donnant à volonté la majorité soit au gouvernement, soit à l'opposition.

---

* On se récrie avec force sur ce qu'on qualifie de parti l'ensemble de ceux qui se disent *royalistes*. Nous savons qu'ils devraient avoir un intérêt commun avec le Monarque; mais aussi nous pensons que l'on appelle en général *parti*, une réunion d'hommes continuellement en opposition au système de gouvernement adopté par le Souverain. Sous ce rapport, les écrivains que nous combattons décideront sous quelle qualification on doit les placer. Une chose plus extraordinaire est d'entendre qualifier de parti ministériel, la réunion de ceux qui suivent et corroborent de tous leurs moyens le gouvernement du Roi.

Nous ne nous déterminerons point encore sur l'aspect qu'a offert la Chambre des députés, en jugeant ce qui est arrivé dans une seule discussion : ce sera à la fin de la session que nous nous expliquerons. Nous pensons que les partis prennent de la force par l'importance qu'on leur donne ; on les crée presque sans s'en douter. On a détruit l'indépendance des opinions en comparant notre Ministère à celui d'un pays voisin, et en soutenant continuellement qu'il fallait qu'il se créât une majorité dans la Chambre des députés. Si cette majorité est, comme en 1815, en opposition avec celle de la Chambre des pairs, quelle sera la position de l'autorité royale ? A laquelle des deux majorités donnera-t-elle la priorité pour se fixer sur le choix de ses agens ?

Nous soutenons qu'en dénaturant l'esprit vrai de la Charte, on a créé les partis, et ôté l'indépendance des opinions. La preuve en est sans réplique, parce que souvent l'on ne vote plus d'après sa conviction particulière, mais bien d'après celle des ambitieux qui sont parvenus à se former un parti qu'ils dirigent non dans l'intérêt de l'État, mais pour le leur particulier, dans l'espoir d'amener un changement qui leur donnerait une part active dans l'administration *. Une partie des membres de la Chambre des députés qui, comme nous, veut son Roi légitime, le voulant sans *arrière-pensées*, nous semble cependant suivre un système qui tend à détruire insensiblement le pouvoir royal. Nous sommes certains que ce n'est pas son intention; mais nous ne cesserons de lui répéter qu'en ne croyant être en opposition qu'avec le Ministère elle y est véritablement avec le Roi; que le Ministère n'est rien autre chose que le premier agent du pouvoir royal. Nous raisonnons avec la Charte : qu'on la revise, si l'on veut raisonner différemment.

On se récrie souvent contre les lois existantes, particulièrement contre celle des élections : elle est devenue, pour les anta-

---

* Certains salons s'étaient meublés depuis le commencement de la session. Les *protées politiques* s'y étaient portés en foule pour adorer ce qu'ils croyaient être le *soleil levant*. Déjà, on entendait dire, si MM. tels ou tels sont ministres, j'aurai une place. On promettait sa protection; tout s'est dissipé comme une fumée. L'on fondait tout cet espoir sur les cabales qui auraient ôté, disait-on, la majorité aux Ministres actuels.

gonistes du Ministère, une arme tranchante, dont ils se servent pour le calomnier. Nous affirmons qu'on va jusqu'à présenter un résultat inexact du premier essai qu'on en a fait, et que celui que nous en avons donné est le seul vrai. Mais quelle est la raison qui a amené dans quelques départemens un résultat peu satisfaisant pour les vrais amis de la monarchie légitime? On doit l'attribuer à *l'insouciance* ou à la *malveillance* qui ne croit porter des coups qu'au Ministère; mais qui les porte, en effet, à la Royauté. Par exemple, à Paris, si tous les électeurs royalistes se fussent réunis à la voix du monarque, les choix n'auraient pas été douteux; ainsi, accusons des mauvais choix, s'il y en a eu, le système de dénigration continuelle suivi avec une espèce d'acharnement contre le Ministère. Ce faux système a détruit *

* M. le marquis de Courtarvel vient de nous citer l'opinion de Louis XIV. Il nous a dit que ce monarque assurait que l'art de bien régner consistait à faire de bons choix. Nous demandons à ceux qui blâment continuellement les choix faits par le Roi, qui dénigrent ceux qui sont investis de sa confiance..... Nous leur demandons s'ils croyent faire l'éloge du

l'influence directe que le gouvernement a sur les élections; celle de désigner des candidats en nommant les présidens et vice-présidens des colléges électoraux. On s'est persuadé que ceux nommés n'étaient pas du choix du souverain, quoiqu'il eût signé l'ordonnance. Que l'on a fait de mal à la monarchie sans le vouloir!

On prétend que l'opposition dirigée contre tous les plans du gouvernement n'en a point entravé la marche, ou n'a point fait de mal. Que l'on se rappelle le projet de loi sur les élections qui fut présenté au *nom du Roi*, en 1815 : il était le résultat du système que le Gouvernement avait résolu de suivre. Si ce projet de loi avait été adopté par la Chambre des députés, les élections étaient confiées en partie à des hommes qui auraient eu une influence réelle, celle que donnent toujours la moralité et la vertu. Les *archevêques* et *évêques*, les ministres de tous les cultes, les *présidens* et *procureurs-généraux* de toutes les cours, un certain

---

Monarque qui nous gouverne, et si, indirectement, ils ne minent pas son pouvoir et ne lui retirent pas la confiance que le peuple a mise dans sa sagesse.

nombre des plus riches propriétaires, des plus riches négocians, etc.; tels sont les hommes qui, par ce projet de loi, auraient eu une influence certaine sur les élections. Il fut rejeté. Pourquoi? Par la seule raison qu'il fallait changer ce qui avait été proposé par le Gouvernement.... Aujourd'hui on la regrette. Puisse cette opposition opiniâtre ne pas causer de plus grands regrets à ceux même qui en sont les chefs !

Un orateur, qui n'est pas celui qui, depuis 1815, a montré le moins d'acharnement contre le Ministère, particulièrement contre celui de la police, a reproché au secrétaire d'État qui en a le porte-feuille, d'avoir laissé circuler plusieurs ouvrages.

Un de ces ouvrages avait été réimprimé à une époque où le Roi était hors de France; ayant été remis en vente, il y a quelques mois, en avait été, nous a-t-on dit, retiré par les soins du Ministre attaqué, qui avait fait acheter ce qui restait de l'édition, lorsqu'il avait su que l'ouvrage était de nouveau en circulation. *

---

* Ce fait nous a été attesté par des libraires du Palais-Royal que nous avions chargés de nous le pro-

Un autre de ces ouvrages était celui qui a pour titre : le *Paysan* et le *Gentilhomme*. Nous l'avons parcouru. Nous le blâmons, par la raison que l'auteur ne peut avoir eu pour but que de réveiller d'anciens souvenirs et de fomenter d'anciennes haines; qu'il était d'ailleurs dirigé contre un ordre qui a produit les *Turenne*, les *Sully*, les *Colbert*, les *Malesherbes*, etc. Nous ne croyons pourtant pas que cet ouvrage pût être dénoncé aux tribunaux; il y aurait eu même à le faire une espèce de danger sans résultat avantageux, celui de lui donner trop de célébrité. Le même danger existait à laisser les journaux établir entre eux une lutte au sujet de ce *pamphlet* : le Ministre qui a empêché cette lutte a fait un acte de sagesse. Quel a été le résultat de l'espèce de dénonciation qui a été faite à ce sujet? C'est que ce pamplet a été remis en vente le soir même qu'elle a été entendue à la Chambre des députés, et qu'il a reparu depuis cette époque sur les étalages des magasins de librairie du Palais-Royal.

---

curer. Ce fut l'orateur dont nous parlons qui nous avait fait connaître l'existence de cet ouvrage.

Si nous avions joui de l'avantage que vous avez, celui de faire vendre dans un jour plus de vos ouvrages, qu'il ne se distribue de journaux dans le Royaume ; si nous avions le talent que la nature vous a départi, nous l'aurions employé à venger l'ordre outragé dans le *Paysan* et le *Gentilhomme*. Nous aurions retracé les vertus de ces anciens propriétaires de terres, qui se faisaient chérir, adorer et respecter de tout ce qui les entourait ; enfin, étant plutôt les pères et les amis de leurs vassaux que leurs seigneurs. Un ouvrage semblable sorti de votre plume éloquente aurait été le *contre-poison* le plus actif ; il aurait paralysé le mal, au lieu qu'une discussion dans les journaux aurait produit l'effet d'un baril de poudre jeté dans les flammes pour les éteindre.

Il y a près d'un demi-siècle qu'un homme, dont vous, écrivains politiques, suivez les traces, dirigea le talent qu'il avait contre le ministère Anglais, et, sous le nom supposé de *Junius*, étonna l'Europe par la force et la multiplicité de ses attaques.

Ses *Philippiques*, qui d'abord avaient paru dans les journaux anglais, ont été réunies dans un ouvrage qui ne vous est pas étranger. En parlant de lord *North*, ce *Junius* le présente comme accusé sans cesse d'une *ignorance absolue ;* parle de *ses ridicules motions, ridiculement retirées ; de ses projets d'abord arrêtés, puis abandonnés ; de ses discours oratoires préparés pendant une semaine et ne produisant aucun effet, etc.* Cé même *Junius* après avoir présenté les fautes qu'il croit pouvoir reprocher à ce ministre, à l'égard des colonies anglaises, est forcé de convenir que l'opposition des lords *Chatam* et *Campden*, qui furent, par leurs sentimens opposés, les patrons de l'Amérique, donnèrent du *nerf* et de *l'énergie aux colonies ; et en ne voulant peut-être l'un et l'autre que ruiner un Ministre, ils divisèrent l'Angleterre en deux parties.*

Quelles réflexions auraient dû vous suggérer ce passage qui se trouve dans les lettres de *Junius*; ouvrage que nous répétons ne pouvoir vous être inconnu; car on en retrouve dans les vôtres non-seulement les principes, mais encore des lambeaux entiers.

Après cette dernière observation, que nous présentons avec franchise à M. le vicomte de *Châteaubriand* et à ses honorables amis, nous leur dirons que nous n'accusons point leurs intentions, mais nous les conjurons de réfléchir sérieusement sur le caractère que prend le système d'opposition qu'ils ont adopté, système qui pourrait avoir des suites plus terribles pour la couronne et pour la légitimité, que celui qui fut suivi par les lords *Chatham* et *Campden* n'en eut pour l'Angleterre *.

Nous terminons cette tâche, d'autant plus pénible pour nous, que nous avons été forcés de combattre un écrivain dont nous admirons les talens, et dont le dévouement pour son Roi a été connu de la France entière. Nous le prions de ne voir en nous que deux

* Au 20 mars, époque que nous a rappelé M. le vicomte de *Châteaubriand*, un Ministre de sa Majesté (M. le comte de *Blacas*), fidèle ami de son Roi, un de ses plus dévoués serviteurs, fut livré au peuple comme un *holocauste* qui était cause de tous les maux de la France. Les *royalistes* se disant *purs*, se montrèrent aussi à cette époque ses ennemis les plus acharnés : ils ne furent retenus par aucuns liens, même par ceux de la reconnaissance; suivant leur système, ils croyaient certainement, par les calomnies sans nombre qu'ils dirigeaient contre ce Ministre, détourner de dessus une tête auguste d'autres calomnies plus atroces que les ennemis du trône lançaient contre elle : *cela produisit un effet contraire.*

Français aussi dévoués que lui à la monarchie légitime, au Souverain, et à la *Charte*, et dont le système soutenu est la suite de l'impulsion qui leur a été donnée par le Monarque lui-même et de la confiance qu'ils ont dans sa haute sagesse.

Nous prîmes à cette époque ouvertement le parti de ce Ministre, parce que nous étions persuadés de sa loyauté, de son dévouement à son Roi, à la légitimité, et nous osons dire à la *Charte*. Nous le fîmes avec d'autant plus de zèle, que nous sommes convaincus que les attaques dirigées continuellement contre le Ministère, rejaillissent sur le trône. Que l'on relise la note pages 160 et 161.

FIN.

www.ingramcontent.com/pod-product-compliance
Ingram Content Group UK Ltd.
Pitfield, Milton Keynes, MK11 3LW, UK
UKHW012035240726
13965UKWH00003B/805

9 782012 958739